MÉMOIRES

DE

CÉLESTE MOGADOR

Paris. — IMP. DE LA LIBRAIRIE NOUVELLE. — Bourdilliat, 15, rue Breda

MÉMOIRES

DE

CÉLESTE

MOGADOR

TOME QUATRIÈME

PARIS
LIBRAIRIE NOUVELLE
BOULEVARD DES ITALIENS, 15

La traduction et la reproduction sont réservées

1858

MEMOIRES
DE
CÉLESTE MOGADOR

XLVI

DÉPART.

(Suite.)

La mesure de la douleur était au comble dans mon âme, et pour me soustraire à tant de peines, je me serais tuée sans la lettre que je reçus des gens chez qui était ma fille adoptive. La femme venait de tomber dangereusement malade; l'on me disait qu'on ne pouvait la garder. Je passai une nuit très-agitée et je me mis en route qu'il faisait à peine jour. Le pauvre petit ange commençait à parler; elle m'appelait sa mère; je la ramenai chez moi ; je la serrai sur mon cœur, et je lui demandai en larmes s'il était vrai qu'un jour elle me maudirait. — Pauvre petite! elle ne pouvait comprendre, pourtant elle passait ses bras autour de mon cou, et m'embrassait en me disant : « Oh! je t'aime, ma marraine. » Je n'avais pas le droit de mourir ; si Dieu m'avait envoyé cette innocente créature, c'était peut-être pour me donner l'occasion de réparer le mal que j'avais fait.

Deux jours plus tard, trois hommes vinrent saisir chez moi pour une somme de quarante-six mille francs, que Robert devait à son bijoutier, pour cette garantie qu'il avait donnée si imprudemment. J'avais toujours eu horreur du papier timbré et de ceux qui l'apportent ; je les voyais toujours apparaître, dans mon imagination, avec de grosses moustaches, de grosses cannes et de vilains chapeaux. Je devins presque folle de peur et de chagrin.

Je voulais écrire à Robert ; mais je jetai la plume avec rage.

— Non! dis-je, je serai plus généreuse que lui, je ne l'accablerai pas. Tant mieux qu'il ne me reste rien que mes larmes, nous nous en irons loin de cette ville maudite. Je travaillerai pour t'élever, ma petite Caroline ; j'en ai perdu l'habitude, tant mieux! j'aurai plus de peine.

Je mis un voile et je me rendis à mon théâtre, car je jouais *les reines des bals*. Je dansai et je chantai la mort dans l'âme ; mais j'étais habituée depuis longtemps à cette comédie. Ma vie s'était passée en mascarades de ce genre. Cette contrainte m'a rendue la plus malheureuse de toutes les créatures. Après avoir cru échapper à ce genre d'existence, l'idée d'une rechute me navrait le cœur.

J'avais fini ma pièce à neuf heures.

En sortant pour rentrer chez moi, je vis un homme dans le passage ; il se glissait comme une ombre le long des murs et semblait me fuir. Je pressai le pas, car sa tournure m'avait frappée. Je me plaçai en face de lui.

C'était Robert, pâle, défait ; son œil, si ardent d'ordinaire, était voilé de tristesse, mais l'ironie était toujours sur ses lèvres dédaigneuses.

— Ah ! lui dis-je, vous ne m'éviterez pas ; vous me devez une explication. Il se peut que j'aie été coupable, mais vous n'avez pas le droit de me torturer comme vous le faites depuis quelque temps. Dieu seul juge irrévocablement. Vous ne pouvez partir en me laissant l'idée qu'un homme me maudit sous le ciel. D'ailleurs, vous êtes déjà trop vengé ; vos malédictions s'accomplissent. On m'intente des procès que je ne soutiendrai pas.

Je vais quitter ce monde aussi malheureuse que vous.

Mes larmes me coupèrent la voix. Il me fit monter en voiture et m'accompagna chez moi.

— J'avais peur de ce qui arrive, me dit-il, et c'est ce qui m'a ramené à Paris. Mes biens ont été vendus la moitié de leur valeur. Non-seulement je suis ruiné, mais il me reste des dettes.

— Oui, et moi l'on m'attaque, disant que ce que j'ai est à vous. C'est une infamie, car ils savent bien le contraire ; mais ils se disent : Une femme comme celle-là, nous aurons bon marché d'elle.

— Eh bien! me dit-il, faites-les mentir. Céleste, défendez-vous avec tout ce que vous avez d'énergie et d'intelligence ! vous avez votre droit; il y a des juges. J'emporterais des regrets trop amers, si je vous savais malheureuse. Je voulais me faire soldat; mais je suis trop vieux, j'ai trente-trois ans. Je vais partir au bout du monde, en Australie. Peut-être pourrai-je vivre, comme tant d'autres, loin de la France; ne rien demander à personne, ne pas donner le spectacle de ma misère, c'est tout ce que je veux. Je n'ai pas d'idées, je vais aller où le navire me conduira.

Il resta chez moi. Nous payâmes nos joies passées par de longues nuits de larmes.

Une lettre du Berry nous tira de notre abattement.

On venait de saisir ma maison et nos meubles. On me disait qu'on allait attaquer l'hypothèque qu'il m'avait donnée en payement.

Tout me manquait à la fois... et je voyais venir la misère.

Les reproches injustes dont il m'accablait depuis quelque temps me revinrent en mémoire. En me trouvant si malheureuse, je les lui rendis avec usure.

— Eh bien ! lui disais-je, vous qui n'aviez qu'insulte et mépris pour moi, qui me souhaitiez la misère, l'hôpital ou la prison, vous pouvez partir heureux. Allons, nous sommes quittes. — Une chose me console, c'est que je vous ai prédit ce qui nous arriverait à tous deux. Vous avez beau m'accabler, vous devez me rendre justice. Oh ! le difficile, c'est de forcer votre orgueilleuse nature à s'avouer vaincue. — Partez ! laissez-moi avec mon désespoir, car je vous le reprocherais. Il vous reste une famille, à vous; à moi, il ne me reste que la misère et les tourments.

Robert me regarda fixement, sans me répondre un mot. Il scrutait ma volonté ; elle dut lui paraître implacable, car il sortit lentement, acceptant mes paroles comme un ordre d'exil.

Je fus chez un avoué qui me donna l'adresse d'un avocat, et je me mis en mesure de faire tête à l'orage qui se préparait. Pour traverser cette nouvelle crise, j'appelai à moi tout mon courage. Abattue cent fois, je me relevai par des efforts surnaturels. On me traîna devant les tribunaux. Mes adversaires, qui se sentaient vulnérables, crurent se grandir en me traînant dans la boue. Ils prirent mon passé et l'imprimèrent; si bien que, partout où j'allais, on s'éloignait de moi. Ils me marchèrent tellement sur le cœur que je devins cruelle. Je ne pensais plus qu'à me venger; puis je retombais, anéantie, dans mon impuissance.

Je quittai l'appartement rue Joubert pour le temps que durerait ce procès; car je ne voulais pas, si les juges étaient trompés par de fausses apparences, être chassée de chez moi. Je ne pouvais me faire d'illusion; la lutte qui se préparait devait être longue, pénible; elle fut cruelle.

Je louai, avenue de Saint-Cloud, une petite maison et un jardin pour ma fille qui avait besoin d'air.

Toutes les femmes que j'avais connues dansaient en rond comme des sorcières autour de ma ruine. Je ne voulus pas leur laisser cette joie; je tâchai de les tromper, de me tromper moi-même, et, l'inquiétude au cœur, j'exagérai ma vie de luxe et de plaisirs.

Robert était parti. Il avait lutté jusqu'au dernier moment; vaincu, il regarda sa ruine en face, et, se sentant faible devant sa volonté, il sut du moins prendre une résolution courageuse; il mit cinq mille lieues entre lui et la poussière que faisait ce désastre de son bonheur perdu et de son opulence brisée.

Ce départ, qui devait influer si profondément sur ma vie, ne me fit pas tout d'abord l'impression que je devais en ressentir. Cette impression a été successive. Un mot de moi, et Robert serait revenu; ce mot, je ne voulus pas le dire. Je sentais trop bien que dans l'état de nos âmes et dans la situation de nos affaires, la continuation de notre liaison aurait fait notre malheur à tous deux. J'espérais que, le voyant loin de moi, sa famille lui rendrait son appui. Je restai inflexible. Plus tard, à mesure que j'appris les souffrances de son exil, mon cœur se détendit. J'appréciais mieux que je ne l'avais fait d'abord la grandeur du sacrifice qu'il m'avait fait en s'éloignant de moi. Pauvre Robert! nous avons assez souffert l'un par l'autre; il m'a assez dévoué, sacrifié sa vie, pour qu'on me pardonne l'orgueil que m'inspire le courage qu'il a montré au milieu de toutes es tortures morales et physiques qu'il a subies dans ses lointains voyages.

J'avais songé d'abord à en faire moi-même le écit ; mais, en relisant sa correspondance, j'ai compris que ce que j'avais de mieux à faire, c'était de le laisser parler lui-même.

La première lettre que je reçus de lui était datée de Londres.

XLVII

CORRESPONDANCE.

« Londres, ce 22 mai 1852.

» Je ne veux pourtant pas quitter l'Europe sans vous écrire une dernière fois. Ce matin encore, je voyais Douvres, les côtes de France, et mes yeux ne les ont quittées que quand ils n'ont plus rien vu. Adieu mes rêves, mes joies, mon bonheur ! J'ai tout laissé, et me voici bientôt entre la mer et les cieux, dans l'immensité, tout seul avec mon néant. Voilà le fruit d'un amour insensé, la misère et l'isolement ! Heureusement que mon corps ne pourra supporter tout ce que l'avenir me prépare. En arrivant ici, j'ai trouvé la glace de mon nécessaire cassée, et le verre de votre portrait aussi. C'est mauvais signe, tant mieux! C'est peut-être la fin qui arrive. Je suis malade. Je n'ai pas eu la force de supporter même cette traversée de quelques heures. Merci, mon Dieu, merci! Tout s'use et vous trouverez peut-être que je n'ai pas mérité de tant souffrir.

» J'attends ici, à Londres, un bâtiment qui part le 9. Mon passage est retenu. Ah! je voudrais que vous vissiez dans mes yeux et sur ma figure la trace de votre destruction. Mais je serai bien vengé de votre cruauté pour moi ; et quand cela ne serait que mon souvenir, il vous pèsera toute votre vie ; je ne reviendrai jamais, je le sens, et mon pressentiment ne me trompe pas ; mais souvenez-vous, Céleste, que tous ces gens auxquels vous m'avez sacrifié n'auront pour vous que mépris. Vous serez seule à votre tour, et pas un ami ne vous restera. Oh! vous êtes belle aujourd'hui, vous êtes sublime, vous valez beaucoup, vous êtes une si belle courtisane, quand vous voulez. Et puis, mon souvenir n'est-il pas là? Mogador! Qui a su dévorer, déchirer, marcher sur une destinée comme la mienne? Mogador! pour laquelle ce pauvre Robert a tout sacrifié!... Mais cela doit être une bien belle fille! Robert, qui a passé par-dessus les préjugés, qui lui donnait le bras devant tout Paris!

» Oh! qu'elle a été bonne pour moi, Céleste! que de reconnaissance pour tant d'amour! Comme elle a pris pitié de mes larmes! Comme elle s'est bien vengée de ce Robert qui avait inventé le seul moyen de la faire revenir près de lui, en la prenant par l'amour-propre! Elle a eu jusqu'à son dernier sou.

Elle n'a pas eu une minute de regret, pas un instant d'élan de reconnaissance ni de pitié! Allez, allez, Céleste, c'est plus que de l'infamie, c'est de la monstruosité. Vous ne vous êtes servie de moi que pour arriver à vos fins. Eh bien, je ne fais qu'un vœu, c'est qu'au moins ce que j'ai fait vous profite. Pensez quelquefois qu'il y a de par le monde un homme que vous avez condamné à plus que la mort, et que cet homme n'a pour vous sur les lèvres que des paroles d'amour et de pardon. Le monde ne rira pas de lui; il mourra, mais de misère et de désespoir. Jusque-là il est seul, seul avec ses rêves évanouis, sans personne à qui il puisse dire : Je souffre, car je l'aime! Il a tout laissé derrière lui en quittant l'Europe. Il n'emporte même pas son nom, car il le quitte en partant. Rien! rien! Je pars sans un baiser, sans une bonne parole! Que de fois pendant ces longues nuits, à bord du bateau, mon cœur porté près de de vous n'aura pour consolation que la pensée des caresses que vous donnerez à un autre dans le même moment.

» Depuis que je vous connais, je n'ai pas eu une pensée pour une autre femme que pour vous. Cette pensée va être encore la seule pendant cinq mois de traversée, et si Dieu veut que je n'arrive pas, on jettera mon corps à la mer, et je mourrai avec votre image dans le cœur jusqu'au dernier soupir. Regardez quelquefois mon portrait; il y a de ces sympathies mystiques et pour ainsi dire magnétiques ; vous y verrez quelquefois une larme couler de mes yeux, ou peut-être un sourire que je vous enverrai en mourant. Si le cadre tombe, que mon portrait s'abîme, se déchire, c'est que je mourrai. Enfin, si la nuit on te dit : Je t'aime, Céleste, c'est encore moi, moi seul et pas d'autre, entends-tu ? Si tu vas au Poinçonnet, regarde partout, et chaque fleur te dira que je ne pensais qu'à toi.

» Adieu, adieu pour toujours ! Je n'ai même plus la force d'écrire. Il y a si longtemps que je n'ai eu une heure de bon sommeil ! — Oh ! mes forces, mes forces, ne m'abandonnez pas encore ! laissez-moi arriver là-bas, bien loin ! laissez-moi encore souffrir quelques mois. Il ne me reste que cela à moi, ma souffrance qui vient d'elle, laissez-la-moi, je l'aime !

» Adieu ! je n'en puis plus, je ne vois plus clair, je vais me jeter sur mon lit ; pauvre lit, bien misérable, dans une petite chambre bien noire ; mais je ne veux en sortir que pour partir. Du reste, cette traversée, qui a été si mauvaise, a fini de me mettre à bas. J'ai donc besoin de repos pendant trois jours au moins.

» Je pars avec une bande d'émigrants, presque tous Irlandais ; le capitaine même ne sait pas un mot de français. Il y avait un bateau qui partait demain, mais je n'avais pas le temps ni la force d'être à Liverpool ; et puis, le bâtiment du 9 part de Londres même, et est moins mauvais.

» J'ai donné votre portrait à mettre dans un écrin. En arrivant à Sidney, je vous écrirai, si Dieu m'a prêté vie. Si je trouve moyen en route, par un bâtiment, de vous envoyer un souvenir, je le ferai. Adieu, encore une fois ; je vous pardonne, car, je vous le répète, vous le verrez un jour, vous serez seule à votre tour, toute seule, sans amis, moi je ne serai plus là. Tâchez que ce moment-là arrive bien tard. Quelque riche que vous puissiez être, quelque ambition que vous puissiez avoir, tout est affreux, quand il ne reste que l'isolement, le dégoût et le mépris.

» Adieu, adieu; à vous toutes mes pensées, comme toutes mes douleurs.

» ROBERT.

» J'écrirai demain encore à votre avoué, M. Picard, pour lui bien recommander vos intérêts.

» Jetez-moi un mot à la poste, mardi ou mercredi, à Londres, bureau restant, pour me dire ce qui aura été fait au tribunal pour vos affaires. Ne me parlez pas d'autre chose, je vous prie, je ne veux savoir que cela. Vous devez comprendre que je ne dois plus croire à rien et que, par conséquent, vos excuses, vos raisons, vos larmes et vos regrets ne seraient que mensonges pour moi. Mais je désire savoir, puisque j'ai le temps de recevoir ce mot, quelle tournure a pris votre procès mardi dernier. »

« Southampton, le 15 mai 1852.

» Je vous écris à bord du bâtiment qui, dans dans une heure, va m'emmener pour toujours loin de vous. Je pars sans illusions et sans espérances. J'ai fait faire pour vous à Londres une bague que je remets en montant sur le bâtiment à M. Godot, le seul Français, le seul être qui m'ait témoigné quelque intérêt. Peut-être cet intérêt ne vient-il que de l'immensité de ma douleur. J'ai pour compagnon, non de route, mais pour compagnon d'avenir, et que je dois retrouver, dans quatre ou cinq mois, dans les pays où je vais isoler ma douleur et cacher ma misère, un garçon que j'ai rencontré à Londres et qui, comme moi, va chercher l'oubli et l'existence loin de la France. Le rapprochement de position a fait notre rapprochement de sentiments, et nous nous trouvons liés par les mêmes idées. Il me donne du courage, et nous espérerons ensemble.

» Vous aurez été belle et superbe aux courses du Champ de Mars. C'est du reste un beau piédestal qu'une ruine comme la mienne, et je ne doute pas un seul instant qu'on ne paye fort cher la curiosité d'une nature comme la vôtre. Vous verrez, sur la bague que je vous envoie de Londres, la date du 15 mai, de Southampton. C'est le jour où tout est fini pour moi et où pas une voix amie n'est venue me dire : *Je penserai à toi !* — merci de m'avoir aimée ! — Je meurs de chagrin, je meurs sans laisser un souvenir derrière moi. Vous avez dit et répété, depuis mon départ, que pour vous venger vous vouliez toute mon existence, toute ma fortune, tout ce que j'avais de jeunesse et d'illusions. Eh bien! soyez heureuse; je suis parti ; je vous ai donné tout mon avenir, tout mon cœur, toutes mes larmes, toute ma fortune pour vos caprices, et je pars, le cœur brisé et l'œil desséché, sans une livre sterling pour vivre. J'ai payé mon passage. Je vais beaucoup plus loin encore qu'à Sidney. Je ne resterai là que huit jours et je me rembarquerai pour d'autres îles plus éloignées. Je suis décidé à tuer ma douleur morale, à force de souffrances physiques. Je ne suis plus de ce monde, et l'immensité de mon amour, comme l'immensité de votre infamie, ne sera compensée que par ma misère et mes souffrances. Cette bague que je vous envoie vous servira, comme mon portrait, à faire valoir plus cher et payer de même vos attraits. Dépêchez-vous, car votre vie s'avance, et ma seule vengeance, que j'attends du temps, vous paraîtra hideuse et terrible. Aujourd'hui que je pars, ce n'est pas vous, Mogador, que j'ai aimée, mais un rêve, une femme dont le souvenir, dont l'idéal restent gravés dans mon cœur, femme sans nom, sans passé, femme de ma création, de mon amour, que j'ai rêvée, façonnée comme mon cœur la voyait, et qui est morte à tout jamais, et pour laquelle je prie Dieu chaque jour. — Ce n'est pas vous que j'ai aimée, on ne peut aimer que ce qui est beau et noble, et la femme que j'aimais, je l'adorais. Allez, allez, Céleste, la Providence ne pardonne pas. Plus aujourd'hui vous jouissez de ma ruine, plus vous serez malheureuse, méprisée, et cette même Providence sera sans pitié pour vous comme vous l'avez été pour moi. Votre vie sera bientôt un enfer. Moi, je vais me créer une vie nouvelle, et vous, le pain que vous mangerez sera payé par le mépris général, et sali par la fange d'où il sortira. Vous avez été INGRATE! Vous n'avez eu de baisers pour moi que pour mieux me mentir.

» Je vous pardonne tout, mensonges, ingratitudes. Pourquoi auriez-vous eu quelque respect pour moi, qui ai été assez lâche pour supporter toutes vos insultes?

» Je vous pardonne, mais Dieu vous maudira, vous, femme sans cœur et sans âme.

» Personne ne saura où je suis. Si la force physique m'abandonne, eh bien! Dieu et le monde me pardonneront, car j'aurai souffert du cœur et du corps; adieu! Soyez heureuse, si l'argent peut faire le bonheur, et n'augmentez pas votre infamie par de cyniques paroles sur mon compte. Que la devise de votre voiture : « *Forget me not* » (ne m'oubliez pas) ne soit pas le sujet de plaisanteries qui deviennent ignobles, quand elles tombent sur un homme qui avait fortune, nom, avenir, et qui travaille de ses mains pour vivre.

» Robert. »

« A bord du *Chusan*, le 15 mai 1852,
cinq heures du soir.

« Je viens de quitter Southampton à deux heures et demie. Pas un passager, pas un matelot, pas un mousse qui n'eût quelqu'un venu pour l'embrasser, et moi, je suis seul, seul, comme un maudit. Toute la ville était sur le port, poussant des hurrah pour nous souhaiter bon voyage.

» Des bateaux à vapeur nous ont accompagnés pendant deux heures en mer. On avait permis à chacun des passagers d'emmener, pendant ce temps, les uns leur famille, les autres leurs maîtresses. Chacun partait triste, mais chacun avait quelqu'un qui lui disait : A revoir ! Moi seul, je suis seul. Personne, pas même la consolation d'avoir près de moi un Français qui me comprenne. Ils avaient tous quelqu'un qui les aimait, qui les regrettait.

» Moi je n'ai personne qui me regrette, qui m'aime.

» Pendant que j'écris cette lettre, vous, Céleste, vous jouissez de votre triomphe. Il n'y a pourtant pas de quoi, car je ne me suis guère défendu. J'étais si heureux de vous voir sourire. O mon Dieu ! je souffre bien, car je suis bien seul dans le monde, et j'avais pourtant bien besoin d'affection et d'amour. Ces bateaux qui nous ont accompagnés viennent de nous quitter. Ils avaient à bord de la musique qui n'a cessé de jouer. Cette musique me portait sur les nerfs d'une manière atroce et je pleurais comme un enfant. Fou que je suis ! je croyais en quittant Southampton te reconnaître dans chacune des femmes qui agitaient leurs mouchoirs en l'air; mais ce n'était pas à moi qu'on disait adieu. Qui donc peut m'aimer, qui donc peut me regretter ? Me voici pour trois mois entre le ciel et l'eau. Cette lettre ne t'arrivera pas avant longtemps. Je tâcherai de la donner en passant au Cap. Je t'écrirai tous les jours, car ta pensée ne me quitte pas. Tu m'as fait bien du mal, tu as été sans pitié ; mais je te pardonne. Je ne crois pas jamais revenir, jamais te revoir, mais ma dernière parole sera pour te dire : Je t'aime. Et quand même je te reverrais, à quoi bon le désirer, à quoi bon espérer ? N'ai-je pas tout donné, tout sacrifié pour un espoir, espoir trompé chaque jour depuis cinq ans? Sais-tu ce que c'est que le désespoir ? c'est le cœur déchiré, c'est le rêve évanoui, c'est le réveil à la réalité. Eh bien ! Céleste, voilà ce que j'ai aujourd'hui. Tu m'as trompé cinq ans, jusqu'au jour où tu as été sans pitié. Que m'importe aujourd'hui l'avenir, la misère? Oh! je sais ton raisonnement ; tu n'as même pas pitié de moi. — J'ai ma famille, dis-tu, qui viendra à mon secours ; mais tu ne sais donc pas que quand je mourrai, ma famille ne le saura que trois mois après. — Et puis, je ne veux rien ; où donc serait le prix de mes sacrifices pour toi, si j'avais compté sur les autres? Je ne compte que sur moi pour vivre. Ma douleur fait presque ma force, et si je répare ma position perdue, ce sera à moi seul que je le devrai. Je vais me mettre sur mon lit, car je suis très-fatigué. Voilà bien des nuits que je passe sans sommeil ; mes pauvres yeux sont bien rouges. Et du reste, que puis-je te dire qui te touche? Tu es heureuse maintenant, tu es libre ; mon souvenir est déjà bien loin. Mon seul bonheur sera de t'écrire tous les jours quelques lignes, de penser à toi. A demain, si la mer n'est pas trop mauvaise. — J'ai ton portrait près de moi et je l'embrasse souvent. »

« Mercredi, 19 mai 1852.

» Depuis samedi, voici la première fois que je puis me tenir un peu. Jusqu'à présent, le temps ne permettait pas de rester debout. Je suis en face des côtes d'Afrique. J'ai passé tout mon temps sur le pont, assis dans un coin, nuit et jour, pensant au passé que chaque coup de vent emporte un peu plus loin de moi. Mon souvenir doit s'effacer de ta pensée, comme ces horizons que mon regard ne voit plus derrière le sillage du navire.

» Je souffre beaucoup, non pas du corps, car ces souffrances me sont insignifiantes; mais le cœur, mon pauvre cœur est brisé, d'autant qu'il n'a aucune consolation dans les affections qu'il laisse derrière lui. Pourquoi faut-il que j'aie porté tout ce que j'avais de cœur sur une espèce de fléau, dont la vie ne respirait que la destruction et la ruine. Tout ce qui t'aimera, tu le détruiras;

tout ce qui est beau, tu le détestes. Le mal est ton essence ; plus il est grand, plus tu souris. Quand il ne reste plus rien à détruire, tu rejettes tes victimes loin de toi, tu les salis, tu les insultes.

» Depuis samedi, je n'ai aperçu qu'un vaisseau bien loin, il retournait en France : y reviendrai-je jamais ? Je ne le crois pas ; qu'y viendrais-je faire ?

» Dimanche, tu as dû aller à Chantilly. Chaque jour ma pensée se reporte en France, mon pauvre pays où j'ai cru être aimé ! — Voilà mon avenir : travailler à Sidney avec le rebut de l'Europe, au milieu de la fange de la population anglaise, les galériens !

» Je n'ai pour ressource à bord qu'un petit Polonais de vingt ans, qui dit quelques mots de français, et qui, exilé par suite des guerres de la Hongrie, va tâcher de vivre là-bas, comme moi, sans espoir et sans but. Encore est-il très-malade depuis son arrivée à bord.

» Le reste me paraît être un ramassis d'affreuses canailles qui se sauvent d'Angleterre pour éviter la justice. Le bateau est très-mauvais, c'est son premier voyage. On dit qu'aux premières on est mieux ; mais aux secondes, on est nourri indignement, on mange avec les matelots les restes de la table des premières. Il y a un Français aux premières qui est négociant de Rouen, qui se sauve en faisant banqueroute. Je l'ai vu à peine, et il paraît peu se soucier qu'on sache même son nom ; je l'ai su à Londres, avant de partir. Du reste, je suis si mal équipé pour voyager, que je suis trempé comme une soupe toute la journée. — Mais bah ! que m'importe ! pourvu que le temps me permette de temps en temps de t'écrire. Je regarde ton portrait. Je pense à toi, à toi que je devrais haïr pour toute la haine que tu as eue pour moi. Je cherche dans ma tête de quoi tu pouvais te venger sur moi, qui t'adorais. Était-ce ma faute si tu étais ce que tu étais ? — N'ai-je pas tout tenté pour t'en faire sortir ? Pourquoi alors m'avoir fait tant de mal? — Il n'y avait donc dans ton cœur aucune place, même pour la pitié. Rien pour moi, rien que de la haine ! De quoi te vengeais-tu? Est-ce donc ta nature? Tu dois être heureuse, maintenant. J'ai pris le genre humain dans une horreur atroce. Je hais tout le monde, car tout ce qui a de l'argent peut me voler, me voler ce que j'aime, ce que j'adore.

» Le bateau marche très-vite, et l'on nous fait espérer que nous arriverons au cap de Bonne-Espérance vers le 20 juin. Je serai presque à moitié chemin ; jusque-là, le ciel et la mer.

» Si les vents sont bons et s'il ne nous arrive pas d'accident en traversant la mer des Indes, j'arriverai à Sidney du 1er au 15 août. Je retrouverai là, quinze jours après, le jeune homme dont je t'ai parlé dans ma dernière lettre.

» J'ai bu énormément pendant les derniers jours que j'ai passés à Londres, non pas pour soutenir mon énergie, mais pour m'étourdir et oublier. Loin de me faire oublier, l'ivresse m'a rendu encore plus malheureux. Plus je souffre, plus je suis heureux, car tout le mal me vient de toi. Comme il y a loin de ces jours où tu te disais si fière de moi! Toi que j'avais ramassée de si bas, et qui, dès le premier jour, prévoyais ton ouvrage! — Te souviens-tu, quand tu m'as dit que je te détesterais un jour? — Tu avais déjà ton but à cette époque. Tu l'as caché jusqu'au jour où tu l'as avoué hautement et à tout le monde. Quel avenir! Quelle position à cette époque-là! Comme j'étais brillant! comme je suis bas aujourd'hui, et comme tout le monde, comme toi-même, tu méprises cet amour qui a été de la lâcheté!

» Je te quitte, car la tête me tourne d'écrire. A demain, si je le puis, sinon au premier jour tranquille. Comme je suis fou, je ne puis m'ôter de la tête qu'en quittant Southampton je t'ai vue sur a jetée! C'est de la folie, mais je ne puis fermer un instant les yeux sans te revoir. J'ai vu une femme pleurer, qui a regardé le bâtiment longtemps s'éloigner. — Allons, je suis fou, cela ne pouvait être toi. Et puis, est-ce que quelqu'un m'aime?

» Adieu, à demain. »

« Vendredi, 21 mai 1852.

» Je viens de passer une journée et une nuit atroces. Le temps est un peu plus calme ce matin et je tâche d'écrire quelques lignes. Cette nuit que je viens de passer entièrement sur le pont, sans pouvoir descendre un instant me reposer, ne m'a pas paru trop longue. Le ciel était bien clair, les étoiles étaient superbes, il n'y avait qu'un vent épouvantable, vent d'Afrique bien chaud, qui vous brûlait la figure.

» Comme tu dois être heureuse, toi, tu vios des fleurs, tu dois en avoir beaucoup chez toi, et moi qui aime tant la campagne, O mon pauvre château! Pauvre Poinçonnet! Vous avez des roses, et moi qui vous soignais avec tant de bonheur, moi qui aurais voulu faire de vous un petit paradis, qui aurais voulu que tout dît autour de moi : Je t'aime! Pauvre fou! tu n'étais que le jouet d'une femme pour laquelle ton existence et ta fortune n'étaient rien, il lui fallait encore te briser le cœur, t'insulter, et à chaque insulte tu as été assez faible pour lui pardonner! Que voulez-vous, mon Dieu! je lui pardonne encore aujourd'hui. Et vous seul savez, ô mon Dieu! quelle existence elle m'a faite, ce que je souffre; moi dans qui vous aviez mis tant de cœur, tant d'amour, tant de beau! Vous seul pouvez voir où je suis descendu! avec qui et où je vis et comment je vis! Voilà la récompense de cinq ans d'amour, de dévouement sans bornes. — Voilà la récompense et le merci que me gardait cette femme! le mépris et l'oubli! — Eh! mon Dieu, pourquoi aurait-elle été autre pour moi que pour les autres? Pourquoi? mais parce que je l'aimais comme elle ne pouvait jamais espérer d'être aimée; parce que si elle ne m'aimait pas, elle devait au moins respecter une passion comme la mienne, passion honteuse pour moi, puisqu'elle ne pouvait me donner qu'une existence flétrie; mais elle aurait dû être à mes genoux toute sa vie et me remercier d'un amour dont elle était indigne, d'un amour qui pouvait lui tout faire pardonner. Qu'a-t-elle fait au lieu de cela? Quand elle a eu tout détruit en moi et autour de moi, elle a poussé un éclat de rire comme celui de l'enfer et elle m'a dit : — Mais regarde donc, pauvre misérable ! Je ne suis et ne veux être qu'une fille. Tu n'as plus rien à me donner, je n'ai plus rien à te vendre. Je viendrai te voir quand j'aurai le temps ; mais on me paye très-cher ailleurs, je ne viendrai que pour jouir de ma destruction et me reposer près de toi en te regardant souffrir.

» Après tout ce que j'ai fait pour cette femme, voilà ce que je suis aujourd'hui, voilà ce qu'elle a été, et je lui pardonne, je désire qu'elle ne paye pas trop cher, par ses regrets, son ingratitude envers moi. Le bon Dieu a mis au fond du cœur de chaque créature humaine un ver rongeur qui s'appelle le remords, et qui, le jour où il s'éveille, vous déchire cruellement sans répit et pour toujours. Souvenez-vous de ce que je vous dis aujourd'hui, Céleste ; ce jour-là n'est pas loin ; ne vous faites pas d'illusion, vous aurez une existence de damnée ; vous vous traînerez aux genoux de quelqu'un, vous lui demanderez grâce, vous croirez le toucher à force de dévouement, comme j'ai essayé de le faire ; eh bien ! à vous on dira : — Tu n'es qu'une fille perdue, ton amour, c'est du venin. On vous répondra comme vous m'avez répondu, par l'insulte, et vous n'aurez pas la consolation que j'ai aujourd'hui, c'est d'avoir offert et donné un amour beau, vrai, amour digne de toute femme belle et digne d'être aimée. J'ai dépensé toute ma vie, toute ma force, toute mon intelligence à faire de vous un être respectable et reconnaissant. J'ai tout usé et suis arrivé à ne faire qu'une ingrate, avec tous les vices qu'elle avait avant. Personne ne saura toutes mes souffrances physiques. Personne ne saura se faire une idée de mes souffrances morales. La misère ne m'effraye pas, et je travaillerai avec rage pour nourrir cette existence que vous avez détruite moralement. Je ne dois pas me relever jamais de ma ruine. Les fortunes ne se refont pas, et puis je suis bien vieux déjà, et il faut de longues années pour faire une fortune. Je n'ai donc besoin que de la vie matérielle nécessaire, et mon intelligence y subviendra.

» Si le temps ne change pas, nous n'arriverons pas avant quatre mois, et voilà huit jours seulement de passés. Quatre mois en mer !

» Que je serais heureux de voir une fleur ! Quand j'arriverai à Sidney, ce sera en plein hiver, car je serai juste au-dessous de Paris, Quand il sera minuit à Sidney, il sera midi à Paris, de même le mois d'août est le milieu de l'hiver. Ainsi donc me voilà privé pour longtemps de verdure et de fleurs. J'ai la tête qui me tourne et te dis à revoir. A demain. Je ne suis pas encore fort comme

marin, et la mer est loin d'être belle. Il faut tout le bonheur que j'ai à te parler pour pouvoir écrire. Cette lettre ne te parviendra peut-être jamais. A revoir! A demain! Demain, j'aurai une ride de plus, car je vieillis bien maintenant en un jour.
— Vieillir sans avoir vécu. Vieillir par la souffrance!

» A demain! »

« Samedi, 22 mai 1852.

» Voilà huit jours d'écoulés. J'ai passé une grande partie de la nuit sur le pont, le vent était bien calme et le ciel magnifique. J'ai chanté ces beaux vers de Musset que j'avais mis en musique et que je t'avais envoyés du Poinçonnet.

» Si tu ne m'aimais pas, dis-moi, fille insensée.

» Je les ai chantés toute la nuit. Tout le monde dormait à bord, et d'ailleurs personne ne m'aurait compris ; et puis, à deux heures, je me suis couché et endormi avec de beaux rêves. Je ne sais pourquoi ton souvenir se mêle jusqu'à mon sommeil, c'est une souffrance de plus pour le réveil. Et pourquoi t'écrire ? C'est une jouissance de plus pour toi que mes plaintes, et puis, qu'ai-je à te dire ? Des vérités que je connais aujourd'hui et qui t'affectent peu ; car que t'importe ? Moi, pour rendre le fond de ma pensée, tout ce que mon cœur a d'amertume et d'amour, j'ai toujours la même phrase, et j'ai pourtant dans le cœur comme une musique dont la phrase aussi est toujours la même, mais dont le son délicieux varie pour mon âme.

» Je me suis fait un ami à bord. C'est un petit terrier, un chien qui appartient au capitaine. Il m'a pris en affection et je l'appelle Finoche, en souvenir de votre petite chienne. Finoche, l'ingrate ! Elle caresse l'heureux du jour. Elle a été pourtant bien heureuse au château.

» Voici le premier jour où l'on aperçoit la terre ; nous sommes en face de l'île de Madère.

» Avec la lunette du bâtiment j'ai bien regardé, mais c'est si loin. Si je pouvais avoir une petite fleur ! Pauvre fou, une fleur ! mais une fleur serait fanée demain. Cela serait donc un regret de plus.

» J'ai cru comprendre tout à l'heure que le

capitaine parlait de relâcher aux îles du cap-Vert, d'aujourd'hui en huit, pour prendre de l'eau. Je laisserai cette lettre à tout hasard ; elle t'arriverait vers la fin de juin.

» J'ai souvent tort de laisser aller ma plume et de la tremper dans l'aigreur. Je devrais souffrir avec résignation, et puisque je ne pouvais pas espérer autre chose, avoir au moins l'énergie de ma lâcheté et ne pas me plaindre ; mais par moments, c'est plus fort que moi et cela déborde, et puis les gens qui m'entourent me dégoûtent tellement, l'infamie est écrite sur leur figure. Ils ont l'air si étonné de me voir au milieu d'eux !

» Le capitaine quelquefois vient aux secondes et je vois qu'il voudrait parler le français afin de savoir pourquoi je suis là. Il doit me regarder comme un homme bien malheureux ou comme un grand misérable. J'apprends l'anglais, c'est mon occupation de toute la journée. La nourriture me répugne beaucoup, et la plupart du temps je ne mange que du biscuit de mer. Du reste je suis insensible à toutes les privations du corps. Tu pourras difficilement me lire. J'ai beaucoup de peine à écrire avec le roulis.

» Allons, voilà ma lettre d'aujourd'hui finie. Est-elle bonne ? Dans l'un et l'autre cas, c'est toujours une jouissance pour toi. De l'amour, de la haine, des regrets, des reproches, des souvenirs ; tout cela se tient par la main, c'est ton triomphe, et dans les choses les plus vraies et les plus dures, tu retrouves toujours le même amour dont tu souris et dont tu te moques. Pauvre femme ! ton rire est infernal ! Prends garde au jour où il se changera en cris de rage et de désespoir. Adieu, à demain ! Voilà vingt-deux jours que j'ai quitté Paris, ta dernière parole n'a été qu'un mot glacial, un arrêt, et je suis parti.

» Dieu te pardonne ! »

« Lundi, 24 mai 1852.

» Je souffre, depuis samedi, de migraines comme celles que j'ai déjà eues à Paris, et je n'y voyais pas même assez clair pour écrire.

» Aujourd'hui je vais mieux et je prends bien vite la plume. La plainte et la souffrance sont mes seules consolations. Pourtant il ne faut pas être ingrat envers la Providence, car je viens de passer une bonne matinée.

» Il était parti, le même jour que notre bâtiment,

un autre bâtiment qui ne va qu'au cap de Bonne-Espérance seulement, et sur lequel L... a pris passage. On l'a dépassé ce matin et d'assez près pour pouvoir nous faire des signes et nous comprendre. Je lui avais dit à Londres tout ce que j'avais souffert et tout ce que je souffrais pour vous. Il m'a témoigné quelque affection, et je crois que nous nous soutiendrons réciproquement.

» Il m'a crié ce matin avec le porte-voix : *Courage!* et il a mis la main sur son cœur, j'ai compris. J'ai regardé le bâtiment s'éloigner pendant longtemps. J'ai pleuré quand je ne l'ai plus vu. Pourquoi? c'est ce mot *courage*, car le courage est bien difficile, quand il n'y a pas d'espoir; et ce que l'on prend pour de l'énergie n'est souvent que du désespoir. Je t'écris sur ces feuilles parce que je ne puis plus rester en bas et que je suis obligé d'écrire sur le pont, où mes grandes feuilles de papier s'envoleraient au vent. Je ne puis plus rester assis ni couché en bas parce que nous sommes quatre dans ma petite cabine et que la chaleur est insupportable.

» J'espère qu'on arrêtera après-demain deux ou trois heures aux *îles du cap Vert*.

» Allons, voilà ma journée finie. Les jours et les nuits sont bien courts pour toi, et tu verras bientôt combien ils ont passé vite ; mais moi, pour qui tout est souffrance, passé, présent et avenir, les jours sont bien longs, les nuits sans sommeil sont bien tristes, et si le sommeil vient à force de fatigue, le réveil est encore plus amer, car les rêves finissent, et aujourd'hui est comme hier, et demain sera comme aujourd'hui : *Souffrance; souvenirs.* »

« Mardi, 25 mai 1852.

» Nous sommes bien sous la ligne la plus chaude d'Afrique. La mer est calme comme un miroir. Pas un souffle de vent. Le bateau va doucement et nous n'arriverons aux îles du cap Vert que jeudi au plus tôt. Ce soleil brûlant m'accable. Impossible de descendre dans l'intérieur du bateau, même la nuit. Je dors donc sur le pont, sous ces belles étoiles qui brillent partout et que l'on peut regarder ensemble à Paris comme ici. Je ne puis rien écrire aujourd'hui. Je n'ai la force ni de la plainte, ni des reproches. Mon cœur souffre et reste anéanti. Que vous ai-je fait pour me tuer ainsi ? »

« Dimanche soir, 29 mai 1852.

» Voici quatre jours entiers que nous sommes relâchés à Saint-Vincent, île du Cap-Vert, pays désolé, terre maudite ! Je me croyais le plus malheureux entre les plus malheureux, et Dieu, pour me punir, me montre des misères et des douleurs bien plus grandes que la mienne. Il veut éprouver les innocents comme les coupables pour soumettre les hommes à la résignation. Ici, le sol est aride, la campagne déserte. La mort est à la fois assise à toutes les portes. Pour aller d'une maison à une autre, on se dit adieu comme si l'on partait pour un long voyage. C'est qu'en effet, ces adieux peuvent être éternels ; l'aspect de cette ville est navrant ; si les pauvres habitants n'avaient pas la foi, les rues retentiraient de plaintes et de blasphèmes. Sur douze cents habitants qui peuplaient la ville, sept cents ont été enlevés par la fièvre jaune ; elle dévaste tout. Il y a, dans les maisons, des morts qu'on n'a pas encore osé enlever ; ce qui reste de la population semble abattu, désolé ; ces pauvres noirs ont l'air de porter leur deuil.

Mon cœur souffre parce que je ne puis rien pour

eux, si ce n'est aller voir les malades et les exhorter au courage par quelques paroles qui semblent les consoler un peu.

» Les missionnaires ont fait grand bien dans ce pays; les convertis au catholicisme vont mourir sur les marches de l'église en souriant à Dieu.

» Je suis allé voir lady C..., une grande dame, une sainte femme dont on ne parle ici qu'avec admiration et respect. On ne se souvient sans doute pas d'elle en Angleterre, quoiqu'elle ait occupé un rang élevé dans la société par sa fortune, sa naissance, son esprit et sa bonté. Elle vit au milieu de ce désastre, cherchant et secourant les infortunés qui l'entourent.

» Après avoir dissipé une fortune considérable en Angleterre, son mari fut obligé de prendre la fuite. Il chercha, pour s'expatrier, la partie la plus isolée de la terre. Le cap Vert lui parut une tombe convenable pour ensevelir ses regrets et ses douleurs. Sa femme le suivit après avoir donné tout ce qu'elle possédait pour acquitter les dettes de son mari. Pauvre femme! sa vie fut une vie de vertu, de dévouement et d'épreuves cruelles à subir; elle n'a pas faibli une minute. Ses deux fils vivent près d'elle; leur pauvreté n'a rien d'effrayant; chacun travaille de son côté; le soir, ils prient ensemble et se trouvent heureux.

» Si dans ces mille choses créées par Dieu, puisque l'homme ne peut les faire naître, il y a un témoignage qui nous oblige à croire ; il y a aussi dans le passage d'un fléau comme la peste la preuve de notre impuissance. Ce mal qu'on ne peut arrêter, qui nous l'envoie ? Pourquoi lutter contre la destinée ?

» A peine a-t-on trouvé quelques nègres pour apporter l'eau et le charbon dont nous avons besoin.

» Cette île n'est qu'un rocher, on n'y trouve pas un brin d'herbe. Le vent, la poussière vous aveuglent, et le climat est si chaud, si brûlant, que si nous restions un jour de plus nous tomberions tous malades.

» Nous voilà de nouveau en pleine mer ; les habitants sont venus sur le port, ils nous enviaient en nous voyant partir, et ils nous tendirent longtemps les bras en signe de regrets et d'adieu !

» Chaque instant pour moi est une douleur nouvelle, et quand les forces m'abandonnent, j'ai peur de mourir trop tôt : j'ai peur que vos remords ne soient pas assez cuisants. Je voudrais que vous puissiez voir écrit sur ma figure tout ce que je souffre, toutes les humiliations, toutes les avanies, toutes les tortures qui m'accablent à chaque instant. J'accepte tout, et à chaque souffrance nouvelle, je regarde votre portrait, je prononce votre nom, sans haine, sans colère, et je vous dis que c'est pour vous, par vous ; voilà votre ouvrage, jouissez-en bien, soyez fière, soyez heureuse, c'est un beau triomphe et qui ne vous a pas coûté grand'peine.

» Je me suis fait tatouer hier, sur le bras, votre nom, cela ne peut plus s'effacer ; si jamais mon cœur vous oublie, Dieu le veuille, ce nom sera toujours là pour me rappeler combien vous avez été méchante et cruelle pour moi. Je n'avais certes pas besoin de cela pour me souvenir de tout ce que j'ai sacrifié pour vous, et comment vous, vous en avez été reconnaissante. C'était pourtant la seule chose que j'étais en droit d'espérer, votre amour, je n'y ai jamais cru ; mais on a de la pitié, même pour le pauvre chien qui n'a que des caresses pour de mauvais traitements. Vous n'avez eu ni pitié ni reconnaissance.

» La vie est finie pour moi, et je sens très-bien que je ne me relèverai jamais de l'abîme où vous m'avez jeté. Malgré tout mon courage, les forces m'abandonneront, et le jour où il me sera bien démontré que rien ne peut me relever, comme je ne veux retourner en France qu'autant que tout sera réparé, si je ne le puis pas, je me brûlerai la cervelle. Du reste, cette idée de suicide ne me quitte pas depuis longtemps et elle me revient plus forte que jamais quand mes idées se reportent sur vous, vous que j'ai voulu faire si belle et qui êtes devenue si infâme! Il y a en moi une lutte entre la haine, l'amour et le mépris pour votre personne, qui fait ma souffrance de chaque instant. Qu'est-ce qui sera le plus fort de ces trois sentiments? Quand je me vois au milieu de tous ces passagers, tous ignobles, tous le rebut de la société, traité comme eux, me regardant comme un des leurs, oh! alors, j'ai de grosses larmes dans les yeux, car je me souviens du temps où je me croyais si grand, si noble, si fier, et où je sacrifiais cette fierté et cette noblesse, jour par jour, en voulant vous élever jusqu'à moi; vous vous êtes acharnée à me faire descendre jusqu'à vous. Je me souviens du jour, rue Geoffroy-Marie, où vous me faisiez une confession que je ne vous demandais pas ; vous auriez donné tout votre sang, ce jour-là, pour pouvoir m'offrir un amour digne de moi.

» Mais tout cela était une comédie. Vous cherchiez déjà à faire jouer chez moi un sentiment de pitié, et vous avez réussi, car j'ai eu pitié de vos larmes, j'ai cru à vos regrets; j'ai cru que votre passé était votre malheur; j'ai cru que vous aviez un peu de cœur, que l'homme qui oserait vous aimer, qui oserait l'avouer, j'ai cru que vous lui diriez merci et que vous le payeriez par un dévouement de toute votre vie.

» J'espère que, pendant que je vous écris ces lignes, vos affaires sont terminées pour le mieux, et que vous êtes tranquille de ce côté-là. Vous m'avez fait un reproche, un jour, qui a été une injure de plus et qui m'a navré le cœur; vous m'avez dit que je devais être honteux de vous voir ainsi tourmentée par ma faute. Ce reproche était infâme de votre part; mais je vous le pardonne, comme tout ce que vous m'avez fait. Je vous le répète, Céleste, vous fermez les yeux, vous ne voulez pas voir clair, vous ne voulez pas comprendre que mon amour seul a fait votre succès, qu'aujourd'hui votre vie est finie. »

« Dimanche, 6 juin 1857.

» Le lendemain du jour où je suis parti du cap Vert et où je vous ai écrit, je suis tombé malade et suis resté couché toute la semaine; ce n'est qu'hier que je me suis levé. J'avais la tête trop lourde pour pouvoir écrire. Je crois que je dois cette indisposition un peu à l'influence de l'air de l'île du cap Vert, et beaucoup à la chaleur accablante que nous avons depuis quelques jours.

» Nous sommes à peine au quart de notre route, et je suis déjà bien fatigué; on est si mal aux secondes places, et l'on a à peine l'eau nécessaire pour boire. Le capitaine, du reste, a été très-gracieux pour moi; il aura vu probablement et compris combien je devais souffrir, et il m'a fait dire hier que si je voulais payer quelques louis de plus, on me ferait une grande diminution pour les premières, et qu'il serait heureux pour sa part de m'être agréable. Je l'ai remercié du mieux que j'ai pu, et je lui ai dit que puisque j'avais commencé ainsi je finirais de même, ne voulant choquer personne. La véritable raison est qu'il me reste deux cents francs qui doivent me servir jusqu'au jour où j'arriverai aux mines. Mon souvenir est probablement tout à fait effacé de votre pensée! Vous devez respirer bien à l'aise, et si mon nom est venu par hasard se mêler à vos joies et à vos rires, cela a été probablement d'une manière ironique et méchante. Vous me méprisez bien, moi, pauvre fou qui voulais être aimé!

» Oh! vous porterez malheur à tout ce qui s'approchera de vous, je vous le prédis, et la Providence vous fera payer bien cher les jouissances auxquelles vous sacrifiez tout bon sentiment, tout votre cœur. La Providence vous frappera dans tout ce que vous pourrez aimer ; et si jamais, à votre tour, vous implorez l'affection de quelqu'un, on y répondra par l'indifférence.

» Mon Dieu ! je n'ai pourtant pas fait de mal à personne, pourquoi donc me briser ainsi? je ne sais qu'aimer, mon Dieu ! je ne pourrais jamais haïr.

» Oh ! c'est affreux de n'avoir que mépris pour ce que l'on a adoré, oui, adoré !

» Voyez la vie qui me reste aujourd'hui. Je vais vivre et mourir à l'autre bout du monde. Je ne reverrai jamais rien de ce que j'ai aimé, et personne ne conserve de moi-même un souvenir affectueux. Vous a-t-on remis ma bague? C'est la dernière chose que vous ayez reçue de moi. Si un jour vous souffrez, si un jour vous avez un regret, un remords, venez, rapportez-la-moi, et vous me trouverez toujours, non pas un amant, car je ne veux plus me souvenir, le passé est tué, mais un ami qui vous tendra la main, qui partagera avec vous tout ce qu'il aura gagné, qui trouvera de bonnes paroles pour vous consoler si vous souffrez, qui ne vous parlera jamais de ce que vous lui avez fait souffrir, et qui, quand tout le monde n'aura que mépris pour vous, aura, lui, pitié de vos douleurs, et oubliera les siennes pour guérir les vôtres.

» L'énergie que j'ai aujourd'hui, le désir que je puis avoir de gagner quelque argent, c'est encore pour vous. Je serais si heureux de vous donner ce qui m'aura coûté bien de la peine. Ecoutez, Céleste, souvenez-vous bien de ce que je vais vous dire : Si vous souffrez, si vous êtes malheureuse, si enfin vous voulez fuir et quitter cette vie qui ne peut toujours durer, écrivez deux mots à Sidney. Il faut trois mois pour que la lettre m'arrive ; je partirai immédiatement pour l'Angleterre, et comptez les jours, jour par jour, je vous attendrai et nous retournerons aux Indes ; je ne reviendrai jamais en France ; une seule chose peut me ramener en Europe, c'est pour vous y chercher ; mais tout cela sont des folies. Que pouvez-vous avoir besoin de moi ? que puis-je faire pour vous ? et que vous importe le monde ? vous le voyez, mes seules espérances pour l'avenir ne roulent que sur des chimères. Il faut qu'il m'en reste bien peu pour m'arrêter à de tels rêves. La seule vérité me restera, c'est l'oubli des gens, la misère, le travail. A quoi bon rêver ? à quoi bon espérer ? On souffre tant quand on se réveille. Allons, voilà une bien longue lettre, bien stupide, bien ennuyeuse, et j'ai encore vingt jours avant de la fermer. N'abusons pas d'un temps qui est employé probablement d'une manière plus gaie qu'à lire les phrases et les condoléances d'un fou.

» Si par hasard les effets que j'ai laissés chez vous au Poinçonnet n'étaient point vendus, mon linge et toute ma garde-robe me feraient bien plaisir, car je n'ai absolument rien. Vous auriez l'obligeance de me faire une caisse de tous mes effets personnels, ainsi que du portrait de mon père.

» Comme la destinée est cruelle en vous retirant tout à coup le bonheur dont elle vous avait comblé au début de la vie ! Tel qui devrait être aimé, estimé, est abandonné, méconnu ; tel qui devrait être méprisé, haï, est adoré.

» J'ai pour voisins de cabine un ménage irlandais. J'entends bien malgré moi tout ce qu'ils se disent en colère ; j'ai beau les prévenir en remuant ma chaise, en toussant, ils continuent. Cette confiance ou plutôt cette imprudence pourrait bien leur coûter cher si d'autres les entendaient.

» L'homme peut avoir vingt-huit ans ; il est grand, ses épaules sont larges, sa taille est mince comme celle d'une femme, son front est démesurément haut ; ses cheveux, frisés naturellement et rejetés en arrière, ressemblent à la crinière d'un lion ; ses yeux sont renfoncés, mais ils brillent et ont une expression hardie qui vous intimide; son nez est fin, ses lèvres fortes; il y a quelque chose de diabolique dans tout son air qui vous répugne à première vue.

» La jeune fille qui l'accompagne et qui passe pour sa femme est blonde, délicate comme une enfant; ses yeux sont d'un bleu si doux qu'ils intéressent à sa personne; on dirait qu'ils ont été détachés du firmament un beau jour de printemps. Quand elle parle, sa bouche s'entr'ouvre comme une rose, son haleine doit être parfumée. Elle n'a de la femme que la forme, c'est un pauvre ange jeté sur la terre pour racheter par son amour un grand pécheur ou convertir un misérable.

» Elle se replie sur elle-même, comme l'ange déchu se replie sous son aile; ainsi abîmée sous les peines que la destinée lui a envoyées, elle attend la fin avec une résignation angélique.

» Pauvre créature! il y a entre son existence et la mienne un rapprochement qui m'a frappé; mais elle, c'est une femme, et sa faiblesse est pardonnable.

» Hier, après avoir joué une partie de la nuit, il est rentré ivre; elle l'attendait et lui a sans doute fait une réflexion, car il s'est emporté; elle réfutait chaque reproche avec une douceur infinie.

» — Te quitter si je ne suis pas contente, lui disait-elle, mais est-ce possible à présent que je me suis donnée à toi? Peut-on avoir deux amours dans sa vie, et quand on endure ce que j'ai enduré, se sépare-t-on pour des mauvais traitements?

» — Vos plaintes me fatiguent, disait cet homme d'une voix concentrée, je finirai par vous haïr. Vous avez l'air malheureux, cela me déplaît, je ne vous ai pas emmenée de force, et puisque vous m'avez suivi, que votre vie est désormais liée à la mienne, vous êtes ma compagne, ma complice.

» — Votre complice, jamais, Macdonnel! Votre confidente, malgré moi, c'est possible ; si je ne vous ai pas dénoncé, c'est que le rôle de délatrice est odieux ; si je vous ai aimé, c'est que j'ignorais qui vous étiez ; une fois donné, mon pauvre cœur n'a pas su se dégager, se reprendre ; mais je veux garder la pureté de mon âme ; ma faute vient de mon amour, mon amour sera le châtiment de ma faute. Je subis ma peine, ne m'insultez pas, ne me faites pas plus coupable et comptez au moins pour quelque chose un amour qui me tue. Mon Dieu ! si j'avais aimé un homme de cœur ! Mais lui, en échange de mon sacrifice, que m'a-t-il donné ?

» — Finissons-en une bonne fois avec vos jérémiades, répondit-il brusquement. Si vous teniez tant à votre famille, il ne fallait pas la quitter.

» — Il me reproche ma faiblesse ! Mais j'y tenais comme on tient à la lumière, j'aimais mon père comme on aime Dieu ! Sa confiance en vous n'excusait pas mon crime ; maintenant, je sais bien que l'argent que vous lui enleviez en partant vous aurait suffi ; mais moi, je croyais que sa fortune, la mienne lui restaient au moins pour consolation.

» — Eh bien, je vous renverrai toutes deux, s'écria Macdonnel hors de lui ; aussi bien, je veux ma liberté. Si je n'avais pas volé cet argent à votre vieil avare de père, il ne me l'aurait pas donné et je ne me serais pas embarrassé de vous. S'il fallait que toutes les femmes que j'ai aimées et qui m'ont aimé se fussent attachées à mes pas, cramponnées à ma vie, mais j'en aurais un sérail. On leur dit : «Je vous aime ! » C'est à elles d'en prendre et d'en laisser ; j'aime les amours faciles et j'en trouve partout ; avant vous, j'en avais une autre ; j'en aurai une autre après vous, et tout sera dit.

» — Vous me brisez le cœur, murmura la pauvre femme ; mais je suis comme le lierre, je meurs où je m'attache. Si vous ne m'aimez plus, il faudra me tuer pour vous délivrer de moi.

» Je l'entendis pleurer une partie de la nuit ; je me promis alors de lui offrir le lendemain mes services, ma protection, pour l'aider à se délivrer d'un homme que je regardais comme son bourreau; mais lorsque je la revis sur le pont, elle était appuyée sur le bras de son amant, lui souriait et le regardait avec une tendresse infinie. Tout était oublié! elle lui demandait compte d'une pensée, d'un soupir.

» Comme elle aime cet être indigne d'affection! Qu'a-t-il fait pour cela? J'ai pris quelques renseignements, on sait que lui est un chevalier d'industrie vivant on ne sait trop comment; mais elle, est la fille d'un riche négociant qui l'avait élevée, assure-t-on, comme une duchesse. Je le croirais assez volontiers; ses manières sont charmantes, son esprit est fin, distingué; et je ne puis comprendre son amour pour un homme qui doit heurter à chaque instant la délicatesse de ses goûts. Eh! mon Dieu! je vous aime bien, vous, Céleste! nature sauvage, cœur sec, esprit révolté! Pourquoi ne l'aimerait-elle pas? L'âme n'a-t-elle pas ses mystères? Mais cette femme, je l'ai dit, sa faiblesse est son excuse.

» — Et moi? Ah! moi, Dieu m'a condamné et je suis le plus malheureux des hommes, voilà la mienne. »

« Dimanche, 13 juin 1852.

» Je suis honteux moi-même du peu d'énergie que j'ai pour lutter contre la souffrance. Le désespoir est tout chez moi ; je ne sais que me plaindre et mon cœur se révolte contre moi-même.

» A Saint-Vincent du Cap-Vert, le dimanche, je suis entré dans une église bâtie en bois ; un bon prêtre disait la messe pour tous ces pauvres nègres. Quand on souffre, la prière fait du bien ; j'ai demandé à Dieu de ne plus souffrir, j'ai pensé à ma pauvre sœur qui m'aimait tant, enfin j'ai tâché de reporter mes souvenirs sur tout ce que j'avais de bon, de beau et d'honorable dans ma vie ; j'ai pleuré et je suis sorti honteux de moi-même, car, malgré moi, mes souvenirs étaient revenus vers vous. Je n'avais donc pu apporter à Dieu qu'un souvenir souillé par votre pensée et par mon amour pour vous; vous qui mettez toute votre gloire à être ce que vous êtes. Pauvre fille ! que Dieu vous prenne en pitié ! Comme il faut être fou pour vous parler ainsi ! Vous n'estimez les hommes qu'autant qu'ils vous prennent pour ce que vous êtes, et vous méprisez ceux qui ont pour vous un autre sentiment. Ah! Céleste! Céleste! je me souviendrai toute ma vie de la première lettre que je vous ai écrite. C'est après la mort de mon père ; je répondais à une lettre que j'avais reçue de vous, quoique je ne vous eusse point laissé mon adresse; car je voulais rompre, j'avais presque un pressentiment de l'avenir que vous me vouliez faire... Je vous ai répondu ; je vous disais toutes mes espérances pour l'avenir; je vous décrivais ma chambre rouge, la chambre de ma mère (souvenir qui aurait dû me garantir). Je vous disais que je pensais à vous; je vous parlais du beau pays que j'avais devant ma fenêtre, de la nature, du soleil, et toutes choses enfin que vous ne pouviez comprendre, et avec lesquelles on aime à parler quand le cœur aime, car l'amour est le sentiment qui vous rapproche de la Divinité, et lui seul vous relève et vous régénère à vos propres yeux; on pardonne et on oublie tout, quand on a pour excuse l'amour. Eh bien! cette lettre fut ma première faute. Quand j'ai perdu mon père, c'est auprès de vous que j'ai été chercher une consolation... c'était ma première infamie. Depuis ce temps, Dieu m'a puni et s'est servi de vous pour cela. J'ai donc mérité tout ce qui m'est arrivé, et aujourd'hui encore, cette lettre dont chaque parole est une plainte, c'est encore une lâcheté de plus. Je voudrais être assez fort pour oublier et pour rire ; je voudrais ne pas donner aux méchants le spectacle de ma douleur.

» J'avais trouvé parmi les matelots de l'équipage un Français : je m'en étais fait un ami.

» Mon pauvre petit matelot souffre des tortures. C'est, du reste, une histoire assez touchante que la sienne. Pauvre enfant ! en me la racontant, hier, il semblait se confesser. On lui a fait payer bien cher une étourderie, un moment de faiblesse. Voilà une existence brisée, un homme de mort pour une pièce de cinq francs.

» En l'écoutant, je pensais à tous les heureux que j'aurais pu faire avec cette belle fortune que j'ai gaspillée sans qu'elle profite à personne. Je regrette de n'être plus riche, et si cela revient jamais, j'espère savoir en faire un meilleur usage. Sans s'en douter, il m'a donné une bonne leçon, dont je profiterai. Mon nouvel ami se nomme Jocelyn Moulin. Il a vingt ans à peine, mais on lui en donnerait trente ; il a l'air mélancolique, soucieux ; je devrais écrire : *il avait*, car il est peut-être mort au moment où je trace ces lignes : il râlait lorsque j'ai quitté sa cabine. Il a reçu une certaine éducation, et il souffre bien plus que d'autres du métier qu'il est obligé de faire. Il était enfant lorsqu'il a perdu son père, et sa mère, qui faisait un petit commerce, a eu la ridicule idée à la mode : elle l'a fait élever comme s'il devait avoir de la fortune ; les portiers font apprendre le piano à leurs filles, elle voulut que son fils devînt un Raphaël. Elle s'imposa pendant quinze ans des privations inimaginables, et parvint à le faire admettre en qualité de rapin chez M. C..., un de nos peintres en renom par son originalité, et surtout par la réputation qu'on lui a faite d'être d'une avarice sordide. Jocelyn n'avait pas de vocation prononcée pour la peinture ; mais il travaillait et serait arrivé avec plus de peine qu'un autre, mais il serait arrivé. Seulement, il vivait misérablement au milieu des autres élèves, qui avaient des parents plus aisés et qui pouvaient se donner quelques-unes de ces mille et une jouissances auxquelles Paris vous invite à chaque pas et qui ont tant d'attrait quand on a quinze ans. Il mangeait son pain sec, buvait de l'eau et ne fumait pas, quoique cela donnât un certain chic à ses camarades, auxquels le patron faisait l'honneur de demander du tabac, pour n'en pas acheter. Le pauvre Jocelyn ne pouvait aller au théâtre une fois par mois ; il refusait toutes les invitations et résistait à la tentation avec un courage héroïque. Mais un jour, c'était la fête du roi, la Saint-Philippe, le premier jour de mai, les apprentis étaient en révolution, on avait été obligé de travailler jusqu'à midi. On allait déjeuner à Romainville, chercher des lilas, puis on reviendrait aux Champs-Élysées, voir les illuminations et tirer des pétards. Depuis trois jours, Jocelyn avait le cauchemar ; il refusait d'être de la partie, et pour cause : cela coûtait cinq francs par tête. Il les avait bien demandés à sa mère ; mais elle lui avait répondu en lui montrant la liste des dépenses qu'elle avait faites et qu'elle faisait chaque jour pour lui.

» — Avec cinq francs, je t'achèterai des souliers le mois prochain, et si tu les dépensais en bamboches, tu serais obligé de marcher pieds nus.

» Jocelyn y aurait consenti, tant il avait envie d'aller à la fête ; mais sa mère eut ce qu'elle appelait de la raison pour deux. Il s'en revint en pleurant comme un enfant, sans l'avoir remerciée de la belle casquette neuve qu'elle venait de lui donner pour sa fête.

» Enfin il se crut résigné ; mais en rentrant à l'atelier, les attaques recommencèrent. On énuméra à grand orchestre le programme de la fête, on plaisanta Jocelyn, qu'on traitait d'avare, de ladre, en lui disant qu'il avait peur d'être mis en pénitence par sa maman ou qu'il craignait d'abîmer sa casquette neuve.

» En ce moment, le patron rentra; il portait un sac sous son bras, il traversa l'atelier sans parler à ses élèves, entra dans sa chambre et vida sur une table son sac d'argent qu'il voulait compter sans doute. En entendant résonner ce métal, Jocelyn ressentit comme un tremblement nerveux. Dire qu'il y avait là, près de lui, peut-être mille francs en pièces de cent sous, qui ne causaient pas tant de joie au peintre que s'il en avait une seule. On eût dit qu'un malin esprit cherchait à le tourmenter, car l'artiste comptait et recomptait son argent avec une lenteur qui témoignait le plaisir qu'il éprouvait à le toucher. Sa porte était restée ouverte, et Jocelyn le regardait absolument comme celui qui meurt de faim doit regarder l'étalage d'un marchand de comestibles. En ce moment, la pendule, qu'on avait eu soin d'avancer d'une heure ce jour-là, sonna midi. Tous les rapins se levèrent comme un seul homme et passèrent dans le petit atelier prendre leurs habits et leurs chapeaux.

» — Il n'est pas encore midi, grogna le patron en se levant à son tour pour aller voir l'heure à la pendule du salon.

» Jocelyn ne put résister; prompt comme l'éclair, il prit une pièce de cinq francs sur le tas qui n'était pas encore compté et se sauva comme un fou.

M. C... continua sans doute ses comptes; tous les élèves sortirent et trouvèrent Jocelyn dans la rue, immobile comme s'il était cloué au pavé. La réflexion lui était déjà venue et il allait rentrer, lorsque les plaisanteries recommencèrent :

» — Prends garde, lui disait-on, il va pleuvoir, tu vas abîmer ta casquette.

» — Je vais avec vous, dit-il presque malgré lui.

» — Ton argent! s'écrièrent en chœur les rapins.

» Il donna la pièce de cinq francs au caissier et ordonnateur de la fête.

» — Elle n'est pas fausse au moins? dit ce dernier en la jetant sur le pavé pour voir si elle rendait le son argentin du métal.

» A cette question, Jocelyn devint pâle comme un mort, il suivit la bande joyeuse ; mais il était tremblant; sa gaieté était morte, le sourire expirait sur ses lèvres. On avait beau lui dire : — Amuses-toi donc pour ton argent au moins, tu le regretteras demain si tu veux ; aujourd'hui, c'est fête.

» Il ne put ni boire ni manger; sa conscience s'était révoltée contre lui-même, il se reprochait de ne pas s'être soumis à sa mère avec résignation, il se disait qu'il aurait dû se trouver bien heureux de manger son pain sec en pensant aux malheureux qui n'en avaient pas. Cette journée de plaisir fut une journée de souffrance pour lui, pourtant il ne savait pas encore ce qui l'attendait ; il se disait : Je vendrai quelque chose, j'avouerai tout à ma mère, elle viendra demain à l'atelier et je rendrai ces cent sous. Oh ! je n'oserai jamais dire cela, je les jetterai sous un meuble et on les retrouvera.

» Jocelyn était logé chez son patron. Rentré dans la mansarde qu'il occupait sous les toits, il chercha ce qu'il pourrait vendre, mais il n'avait que le strict nécessaire. Sa mère emportait toutes les semaines ses effets à arranger et les rapportait à mesure ; il fallait donc s'adresser à elle, avouer ne pas lui avoir tenu compte de ses sages remontrances. Le courage lui manquait à cette idée, car si sa mère était bonne et indulgente pour tout ce qui flattait sa manie de faire un artiste de son fils, elle avait toujours été très-sévère et avait résisté avec une grande fermeté à toutes les fantaisies qu'il avait pu avoir en dehors de son état. Il ne dormit pas une minute et descendit à l'atelier avant que personne fût levé. M. C... le vit, mais il ne lui adressa pas la parole, il se mit à son chevalet et siffla un air de chasse comme à son habitude. Jocelyn espéra qu'il ne s'était aperçu de rien, il respira plus librement. Les élèves arrivèrent les uns après les autres, et ce ne fut que lorsque le dernier fut à l'ouvrage que M. C... demanda en promenant un regard inquisiteur sur toutes les physionomies :

» — Qui de vous m'a *chipé* une pièce de cent sous, hier ?

» Tous se mirent à rire ; Jocelyn devint pâle comme le blanc qu'il étendait en ce moment sur sa palette, son pinceau lui échappa des mains et il chancela lorsqu'il voulut le ramasser. Il eut envie de dire : « C'est moi ; » mais on se décide rarement à une bonne inspiration de ce genre, et puis M. C... reprit en le regardant : Je me serai peut-être trompé ; pourtant j'avais compté là-bas, celui qui m'a donné l'argent a compté devant moi, les piles étaient égales, et lorsque j'ai voulu les arranger en rouleaux, hier, j'ai trouvé cinq francs de moins, c'est drôle. J'ai pensé que vous m'aviez fait une niche.

» — Avec l'argent, jamais ! répondit un élève ; et je ne pense pas que l'un de nous veuille se faire voleur pour cent sous.

» — J'aurais pris le sac, répondit un autre.

» En ce moment, la mère de Jocelyn entra pour demander la clef à son fils ; elle tenait un petit paquet sous son bras, elle avait l'air enchanté d'elle-même.

» — Eh ! bien, dit-elle en s'adressant aux élèves,

êtes-vous remis de vos fatigues d'hier? On vous a vus faire vos gambades aux Champs-Elysées, il n'y avait de place que pour vous. Notre voisine m'a soutenu qu'elle avait vu Jocelyn avec vous, je savais bien qu'il ne pouvait pas y être, puisque je n'avais pas voulu lui donner d'argent. Il me boudait bien un peu, hier, en s'en allant, mais je lui apporte quatre belles chemises en calicot et nous allons faire la paix; il n'aurait plus que le souvenir de mes cent sous et ceci lui restera.

» M. C... observait Jocelyn depuis quelques minutes; il était devenu livide. Pour se donner une contenance il faisait semblant de travailler, mais dans son trouble il se trompa de couleur et mit du jaune dans un ciel bleu.

» — Eh bien! la mère Moulin, il est plus fin que vous, dit en riant l'un des jeunes gens; il a été à la fête et il aura ses chemises; mais je ne sais pas ce qu'il avait, il devait être malade, car il n'a pas été gai du tout; si nous avions eu des consciences, nous ne lui aurions pris que trois francs, car il n'a pas mangé; mais nous sommes des chenapans, mère Moulin, et nous avons plus d'estomac que de délicatesse. C'est toujours avoir des entrailles, n'est-ce pas, patron?

» — Où donc as-tu pris de l'argent? demanda sa mère fâchée; est-ce que tu fais des dettes?

» — Qui de vous lui en a prêté? demanda M. C...

» — Personne, répondirent ensemble les rapins, nous avions bien juste pour nous.

» — C'est peut-être moi, reprit le peintre en s'adressant à Jocelyn, il n'y avait que la main à allonger.

» — Oui, patron! répondit Jocelyn confiant au faux air de bonhomie de M. C.... J'allais vous les rendre aujourd'hui, j'attendais ma mère.

» — Et qui vous a dit, mauvais sujet, s'écria-t-elle avec colère, que je vous les donnerais ou que je pouvais vous les donner? Croyez-vous que je ne fais pas assez pour vous, ingrat, et prétendez-vous me mettre à contribution?

» Quelques apprentis riaient, d'autres prenaient la chose plus au sérieux.

» — Je n'aime pas cette manière d'emprunter, dit enfin M. C..., vous êtes trop vieux pour faire des espiègleries, et je ne saurais vous passer cette action que je ne veux pas qualifier à cause de votre mère qui est une honnête femme. Dès aujourd'hui vous ne faites plus partie de mes élèves.

» La mère pria, le peintre fut inflexible, il fallait un exemple. La mère rendit les cinq francs, mais son fils n'en fut pas moins traité de voleur. Elle lui défendit de rentrer chez elle, et il se trouva sans ressource, abandonné, repoussé par tout le monde. Il se mit peintre en bâtiment, il commençait à gagner sa vie, lorsqu'un ouvrier qui travaillait avec lui et qui en était jaloux découvrit, on ne sait comment, pourquoi Jocelyn était sorti de chez M. C... L'histoire courut de bouche en bouche, seulement il ne s'agissait plus de cent sous, mais de cent francs; peu lui importait le chiffre. Du reste, c'étaient ces mots: Il a volé, qui le rendaient fou, le désespéraient. Enfin, ne croyant pas Paris assez grand pour s'y cacher, il s'engagea mousse à bord d'un navire français, puis sur le bâtiment anglais qui nous conduit en Australie. Là, il devait aller travailler aux mines, son intention était de ne jamais retourner en France si sa mère ne le rappelait pas.

» La physionomie de Jocelyn est douce, agréable; sa nature est délicate, nerveuse, et il a dû bien souffrir pendant ces cinq années qu'il regardait comme une expiation.

» Hier, les passagers des secondes se plaignirent qu'on les volait toutes les nuits; l'un, c'était son tabac; l'autre, son eau-de-vie. Le capitaine les reçut assez mal en leur disant d'enfermer leurs affaires. Un jeune homme, un Anglais, qui se trouvait au nombre des passagers, leur dit en désignant Jocelyn qui passait sur l'avant du navire:

» — Tenez, méfiez-vous et surveillez ce garçon-là, il a volé de l'argent à son maître; M. C... l'a chassé, je ne me trompe pas, j'apprenais la peinture avec lui.

» Jocelyn l'entendit, et prompt comme la pensée, révolté de cette injuste accusation, il s'élança sur son ancien camarade, et le saisissant à la gorge il s'écria :

» — Tu en as menti ; je vais t'étrangler.

» Avant qu'on eût eu le temps de les séparer, Jocelyn avait reçu deux coups de couteau en pleine poitrine ; son adversaire, se sentant le moins fort, l'avait frappé en traître.

» — Tu n'as plus le droit de m'appeler voleur, s'écria Jocelyn en tombant, tu es un assassin !

» Un matelot anglais qui se trouvait là fut indigné comme nous de cette odieuse lâcheté, et, comme à bord il n'y a guère de rendue que la justice qu'on peut se faire soi-même, il se chargea de venger celui qu'on emportait pour mort. Il arracha le couteau des mains de celui qui avait frappé Jocelyn et le jeta par-dessus le bord, en lui disant :

» — Vous êtes un mauvais Anglais, vous, et je vais vous casser la mâchoire pour vous apprendre comment on se bat quand on a du cœur.

» La boxe est un grand divertissement en Angleterre ; ce fut comme le signal d'une fête à bord. Tout le monde se rangea, et les deux champions se placèrent en face l'un de l'autre, l'œil fixe, les dents serrées et les poings fermés. L'ancien camarade de Jocelyn n'avait pu ni reculer ni s'échapper, le cercle fermé autour de lui ressemblait à une chaîne humaine prête à se resserrer pour l'étouffer au premier mouvement. Il voulait payer d'audace, mais il avait affaire à forte partie ; son antagoniste avait les épaules larges d'un mètre, il frappait si rudement sur la poitrine du peintre, que nous entendions un bruit comme celui que fait un forgeron en tapant sur l'enclume ; chaque coup rendait un son mat et faisait sortir de sa gorge un rugissement, un cri, une plainte ; il tomba sur le pont, se tordit un instant à nos pieds, puis resta immobile comme un mort. Le sang lui sortait de la bouche, du nez et des yeux, c'était un affreux spectacle à voir. Je suis homme, et j'ai failli m'évanouir pendant que des femmes battaient des mains en félicitant le vainqueur. On vient de porter le vaincu dans sa cabine, on croit qu'il a toutes les dents cassées et plusieurs côtes d'enfoncées ; cela ne m'étonne pas, mais une chose bien extraordinaire, on vient de trouver chez lui une grande partie des objets volés à bord, c'est-à-dire tout ce qui ne se mange pas. Sans doute, il voulait détourner les soupçons.

» Je viens de faire présent d'une bouteille d'eau-de-vie au matelot qui a si bien défendu Jocelyn, car le pauvre garçon ne pourra pas le remercier lui-même ; il sait pourtant que c'est l'autre qui a volé. Cette nouvelle l'a fait sourire : pauvre sourire qui ressemblait à un rayon de soleil en hiver. Tout est bien fini! c'était le seul être humain avec lequel je causais pendant ces longues nuits. Eh bien ! il est mort !

» J'ai voulu lui dire un dernier adieu, et je ne me suis pas couché pour être là, à l'heure de la cérémonie funèbre qui se fait ordinairement au point du jour, afin que ce triste spectacle n'effraye pas les passagers. J'avais trop compté sur mes forces, et mon âme déjà si triste s'est meurtrie tout à fait.

» Je voudrais vous donner une idée d'un enterrement en mer, mais je suis un pauvre conteur; j'éprouve beaucoup et je ne sais pas toujours faire comprendre les émotions éprouvées par mon cœur.

» Quatre matelots, têtes nues, portaient un sac sur une civière. Un cinquième ouvrit un des panneaux du navire, on y déposa le sac, et après quelques paroles prononcées à demi-voix, on voulut le lancer dans l'espace, mais le panneau ne fut pas refermé assez vite pour jeter au loin le corps de Jocelyn, il roula sur le flanc du navire, et le boulet placé aux côtés du mort pour le faire couler à fond frappa sur les planches, comme s'il cherchait à rentrer dans le bâtiment. Le bruit que cela fit ressemblait à l'écho du canon et me fit ressentir une impression douloureuse. Le même sort m'est peut-être réservé! Je souffre, et du corps et de l'esprit ; qu'est-ce qu'un homme de plus ou de moins dans le monde? Sur la terre, il laisse au moins un souvenir aux passants, son nom gravé sur une pierre qui atteste qu'il a vécu ; ici, tout disparaît sans laisser l'ombre d'un regret! Il me reste le chien du capitaine, mais il vient si rarement me voir. La table est meilleure aux premières qu'aux secondes, il a donc raison. Je tâche d'apprendre l'anglais ; les journées sont courtes, car il y a déjà une différence de cinq heures entre Paris et ici. Quand il est à bord huit heures du soir, il est à Paris minuit et demi ou une heure du matin. Nous approchons des pays où l'on est en plein hiver, par conséquent je ne souffre plus de la chaleur qui m'a fait tant de mal il y a quelques jours. Je passe toutes mes nuits sur le pont à regarder ces belles étoiles qui paraissent bien plus belles et bien plus grosses qu'en France ; je regarde le long sillon que laisse derrière lui le bateau, sillon qui m'éloigne toujours de tout ce que j'ai aimé et que je ne reverrai jamais. Quelquefois les airs que vous aimiez et que vous chantiez me reviennent sur les lèvres. Je tombe alors dans une espèce d'extase ; mon cœur se reporte en Berry, à chaque coin, à chaque place où j'ai laissé un souvenir. Je rêve mes beaux marronniers, je rêve fleurs, je rêve bonheur, amour, caresses, et je me réveille en chantonnant toujours cet air qui me rappelle vous, je me réveille en chantant, mais des larmes plein les yeux. Des larmes, toujours des larmes ! et pour qui ? et pour quoi ? Des illusions perdues ! pourquoi en avais-tu ? Pouvais-tu en avoir ? pourquoi aimer ce qui ne peut être aimé ? Pouvais-tu espérer autre chose ? Cesse donc de te plaindre, et si tu ne peux souffrir, aie donc le courage de te tuer. »

« Jeudi, 17 juin 1852.

» Chaque jour je me promets de finir cette confession qui ne sera pour vous qu'un sujet de

plaisanterie ; je me promets de ne pas recommencer le lendemain, et chaque jour mon cœur, plus fort que ma volonté, me fait reprendre la plume malgré moi. Et pourquoi ? toujours la même chanson, toujours sur le même air ; de quoi puis-je parler, si ce n'est du passé. Ne vous l'ai-je pas dit mille fois ? ce cœur sera toujours le même.
— Oui, Céleste, je serais si heureux de pouvoir encore vous prouver que mon unique bonheur, c'est vous ; si je puis arriver à ravoir une fortune, si je puis trouver l'énergie d'y travailler avec acharnement, je la puiserai, cette énergie, dans le seul espoir qui me reste, c'est que bientôt vous serez désillusionnée, que bientôt tout vous échappera à la fois, et que ce jour-là, je pourrai me venger cruellement, car je viendrai vous offrir tout ce que j'aurai gagné, et cette vengeance sera plus cruelle pour vous que toute autre ne pourrait l'être, s'il vous reste un peu de cœur ; cette vengeance sera une parole de pardon. J'essayerai pour la seconde fois de vous faire partager un bonheur que vous saurez peut-être enfin apprécier, quand vous aurez perdu sans retour toutes ces illusions, tous ces prestiges dont vous êtes entourée aujourd'hui.

» Enfin, mon seul but est encore vous ; avec cette idée "arriverai et je supporterai patiemment cette vie de mineur que je vais commencer, et si le temps imprime sur mon front les marques de son passage, je veux que vous puissiez lire aussi sur ma figure les traces d'un travail opiniâtre entrepris pour assurer votre avenir. »

« Vendredi, 18 juin 1852.

» J'ai cherché le bonheur! n'est-ce pas une loi de la nature? j'étais jeune, riche et brillant, et j'ai cru rencontrer une femme aussi aimante que passionnée. Plus tard, j'ai pensé qu'elle ne pourrait jamais abandonner un homme qui aurait tout sacrifié pour elle, Je me suis trompé ; j'ai été abandonné, par ma faute probablement. J'aurai déplu, j'aurai été trop aimant, trop dévoué et trop exigeant. Le malheur m'éclaire, et après avoir été longtemps l'accusateur, je me résigne aujourd'hui et je vous absous de tout ce dont je crois avoir à me plaindre. Je n'ai pas été assez adroit pour vous conserver, et je suis cruellement puni de ma maladresse. Je ne savais qu'aimer. Comment penser à soi, quand on aime? J'ai donc été l'esclave, quand j'aurais dû être le tyran.

» Je ne comprends pas comment j'existe encore, après avoir tant souffert et subi tant de douleurs! On ne devrait jamais former des liens quand on sait qu'ils doivent se rompre un jour. Mon cœur est assailli par les idées les plus diverses et les plus folles. Il cède à la dernière qui le frappe, soit d'espérance, soit de désespoir. Aujourd'hui, l'espoir de vous causer un jour à venir un regret amer adoucit mes douleurs. C'est la seule vengeance que mon cœur désire. »

« Dimanche, 20 juin 1852.

» Il m'arrive le dernier coup qui puisse m'atteindre. Mon cœur et mon âme ne souffrent pas assez. Je suis malade des suites de cette blessure que j'ai reçue en Espagne. Il y a à bord un petit médecin que je consulte depuis deux jours. Il faut me faire une opération, je vais attendre jusqu'au cap de Bonne-Espérance. J'irai à l'hôpital militaire consulter le médecin en chef, et je prendrai un parti après. Quand je dis un parti, je veux dire que je me tuerai pour en finir avec une existence à laquelle rien ne me rattache plus. Aujourd'hui, je suis perdu pour jamais ; mais enfin vous savez que je vis, que je souffre dans un coin sur la terre. Le jour où vous apprendrez que je suis mort, que c'est fini sans retour, aurez-vous seulement une pensée pour moi ? Enfin, ce jour-là, sacrifierez-vous à mon souvenir un souper, une fête, une chanson ? — Je ne crois pas, mais ma dernière parole pour vous sera toujours une bonne parole et un pardon.

» Ne m'en voulez pas de mes lettres quelquefois dures. Cherchez bien, et au fond vous trouverez toujours un amour que vous ne rencontrerez nulle part. Pardonnez-moi mes plaintes. Pardonnez-moi tout ce que j'ai fait et dit qui ait pu vous causer de la peine, ne vous souvenez que de mes larmes, si elles ont pu vous toucher quelquefois. Ah! que je voudrais avoir une fleur à vous envoyer dans cette lettre ! mais je n'en pas vu ni touché depuis ce bouquet que je vous ai envoyé, ma dernière pensée en quittant Paris. Vous n'avez seulement pas trouvé une seule bonne parole à m'écrire à Londres ! »

« Vendredi, 25 juin 1852.

» Je viens d'arriver à neuf heures du matin et je repars demain. Je ne puis donc songer à me soigner avant d'arriver à Sidney. Au reste, j'éprouve depuis mon arrivée ici un bonheur inexplicable. Les plus beaux camélias et les plus beaux géraniums poussent dans les bouchures des champs. Que cette belle nature des tropiques me fait de bien !

» Je vous envoie une fleur d'héliotrope que je viens de cueillir pour vous. Ferez-vous un peu de cas d'un souvenir qui aura au moins le mérite de vous arriver de l'autre bout du monde ?

» Allons, je porte ma lettre bien vite. Soyez heureuse et pensez quelquefois à moi, dont la vie n'est plus qu'un triste souvenir. »

« A bord du *Chusan*, le 20 juillet 1852.

» J'ai eu à peine le temps de fermer ma lettre au cap de Bonne-Espérance, voulant la faire partir par un bateau qui mettait à la voile le 28 juin. Vous avez dû la recevoir avec une fleur que j'ai cueillie au pied de la montagne en pensant à vous. Le temps passe ; me voici arrivé bientôt à l'autre bout du monde.

» Nous venons d'avoir pendant quinze jours un temps épouvantable : tout a été brisé, mâts et voiles ; nous nous sommes crus perdus ; enfin, ce matin, le temps s'est calmé, et j'espère arriver. Pendant ces nuits d'orage, je n'ai que votre portrait pour consolation ; les passagers des secondes, composés de tout ce qu'il y a de plus déclassé en Angleterre, passaient leurs nuits à boire du gin ou de l'eau-de-vie. C'étaient des batailles et des hurlements atroces au milieu de ces gens ivres, couchés pêle-mêle dans tous les coins ; enfin, je ne souffre pas de la misère, quoiqu'elle soit grande ; mais il est bien dur pour moi, dont tous les sens et les instincts sont délicats, de se trouver ainsi dans la fange. Je n'ai plus même de chaussures, l'eau arrive de tous côtés dans ce que l'on appelle mon lit, et je reste couché, entortillé dans ma couverture toute la journée, souffrant ainsi moins du froid, qui est très-dur dans ce moment ; nous sommes en plein hiver ; j'ai pour nourriture du cochon salé qui sent mauvais, du biscuit moisi par l'eau de mer et un litre d'eau par jour, tant pour boire que pour faire ma toilette. Voilà ma vie matérielle, et encore je ne suis pas arrivé, mais l'avenir ne m'effraye pas. Le travail me distraira.

» D'ici à quinze jours, je serai à Sidney, je compte y vendre les quelques bijoux que j'ai ; j'achèterai tous les outils dont j'ai besoin pour les mines et je partirai de suite. Cette lettre sera donc la dernière que vous recevrez de moi ; une fois enfoncé dans les terres, occupé à gagner ma vie, je n'aurai guère de relations que de loin en loin avec Sidney, car les provinces où se trouve l'or sont à près de cent lieues à Sidney. Le courage ne m'abandonnera pas, et, si le bon Dieu me donne la force, j'espère arriver à avoir encore assez d'argent pour réparer toutes les folies que vous devez faire en ce moment, et j'espère que ma misère et mon travail serviront encore à mettre votre avenir à l'abri du besoin. Voilà mon espérance, voilà ma position présente. »

« Dimanche, 25 juillet 1852.

» Il est vraiment temps que ce voyage finisse, car ma nature s'use et se fatigue horriblement, mes nuits se passent presque sans sommeil ou dans une espèce de somnambulisme, avec des rêves pénibles et tristes ; votre image et votre souvenir s'associent pour ainsi dire à mon chevet et semblent prendre plaisir à me torturer, en me rappelant un à un chaque moment de ma vie avec vous, chacune de vos méchantes paroles, chacune de vos méchantes actions. Je vois continuellement votre figure rire de mes misères, et je suis convaincu que vous ne regrettez qu'une chose, c'est que Paris entier ne puisse voir le degré de dégradation où vous m'avez amené ; votre triomphe serait complet. Moi qui étais si aimé, si entouré d'amis, de famille, que me reste-t-il aujourd'hui? rien, personne ! que l'isolement, l'oubli et l'exil ! Petit à petit, la maladie va me tuer, je ne reverrai rien de ce que j'ai aimé ; le monde entier me sépare de tous les souvenirs de ma vie et de mon enfance. Oh! ma mère! ma mère! »

« Mardi, 27 juillet 1852:

« Dans deux jours nous arriverons dans le premier port d'Australie, nommé Port-Philippe. C'est près de là que se trouvent les mines les plus considérables, et presque tous les passagers doivent y descendre. D'un autre côté, comme le capitaine craint que tous les matelots se sauvent pour aller aux mines, comme cela est arrivé sur plusieurs bâtiments, et qu'il se trouverait ainsi sans matelots pour gagner Sidney, terme de son voyage, le bâtiment restera à trois lieues en mer; au moyen de signaux on fera venir des embarcations du port pour prendre les voyageurs, les marchandises, et nous repartirons de suite pour Sidney sans entrer à Port-Philippe. J'espère que nous serons à Sidney d'ici à dix jours. Dieu en soit loué! car je n'en puis plus.

» Nous sommes en hiver, c'est la bonne saison pour arriver aux mines, la terre est moins dure pour travailler, et les serpents, qui y sont très-nombreux et très-dangereux, ne sont pas à craindre à cette époque; l'été il est presque impossible de travailler à cause d'eux; du reste, comme le tigre et le chacal, ils fuient devant l'homme, ils ne font que se défendre quand on les attaque.

» J'espère trouver à Sidney un compagnon et m'associer pour aller aux mines! Cela est presque indispensable pour se défendre en cas d'agression. Le difficile pour moi sera de trouver quelqu'un qui ne soit pas un voleur ou un assassin. C'est très-triste et très-ennuyeux d'être obligé de dormir à moitié et d'avoir toujours sous la main des pistolets. Cette population d'Australie doit être quelque chose de hideux, à en juger par ceux qui sont à bord et qui pourtant doivent être ce qu'il y a de mieux. Si j'ai assez d'argent pour m'acheter une tente, je serai fort heureux, et je ne doute pas qu'avec du courage, j'arrive à faire de bonnes journées. Tous les soirs, en entrant dans ma tente, mon grand bonheur sera d'écrire mon journal, pensées et actions, cela sera pour vous, et quand je trouverai une occasion je vous l'enverrai.

» Les mines où je compte aller sont près d'un village nommé Bathurst, à cent lieues de Sidney, dans l'intérieur. Pourtant si, en arrivant à Sidney, j'entendais dire que l'on en a découvert de nouvelles, ce qui est très-possible, j'irais de préférence aux nouvelles, parce qu'il y a plus de chance de réussir; la concurrence y étant moins grande, elles seront moins encombrées.

» J'ai trouvé hier une petite boîte que j'avais enfermée dans mon nécessaire et que vous m'avez donnée il y a deux ans ; cela m'a rendu très-heureux ; toute ma fortune, pour moi, se compose de votre portrait, l'épingle fer à cheval, cette boîte et quatre lettres de vous ; ce sont les seules choses auxquelles je tienne. Quoique vos lettres ne soient que mensonges, je les relis presque tous les jours. Votre portrait ne me quitte pas; l'air de la mer l'a fait passer un peu, mais j'espère qu'il vivra autant que moi : cela sera facile. »

« Mercredi 28 juillet 1852.

» Depuis hier nous marchons très-vite et nous approchons beaucoup de Port-Philippe. Je crois que, demain, on sera assez près pour débarquer toutes les personnes qui vont à ces mines. C'est un singulier spectacle, du reste, que cette bande qui va chercher fortune ; leur joie est extrême d'arriver, et depuis deux ou trois jours leurs orgies redoublent ; ils sont pour ainsi dire continuellement ivres morts.

» Ce qui est triste, c'est que le peu d'effets que j'avais emportés est complétement usé et que je suis pour ainsi dire dénué de tout. Tout est fort cher en Australie. Il me faut pourtant de quoi me couvrir.

» Le jour où le remords vous arrivera, le jour

enfin où vous serez bien dégoûtée de tout ce qui vous entoure, venez à moi. Vous trouverez dans mon cœur un pardon et sur mes lèvres un baiser qui effacera tout le passé. »

« Jeudi, 29 juillet 1852, dix heures du soir.

» Quelle affreuse journée je viens de passer. Je venais de finir ma lettre pour toi, hier mercredi, et j'étais couché depuis deux heures, quand nous sommes montés sur le pont ; une tempête épouvantable faisait craquer le bateau de tous côtés. Nous ne voyions même plus le ciel, le bateau était continuellement sous les vagues. Un cri de désespoir part parmi nous ; un malheureux matelot tombe du haut du grand mât, me passe devant les yeux et roule dans la mer ; le bâtiment, poussé par un vent atroce, marchait d'une vitesse dont on ne peut se faire une idée. Un mât venait de se casser. Pourtant, au milieu de cette confusion, deux officiers du bord, suivis de quatre matelots, coupent à coups de hache les cordes qui tenaient attaché un petit bateau de sauvetage, et se précipitent, malgré le capitaine, à la recherche de ce malheureux. Nous ne pouvons plus nous tenir sur nos pieds. Le bâtiment file quatorze nœuds. La barque est distancée; nous la perdons de vue pendant deux heures. Les passagers crient, se désespèrent, ils veulent qu'on arrête le navire pour attendre ces malheureux. Je me suis fâché avec le capitaine parce qu'il hésitait; si grand que fût le danger pour nous, pouvions-nous les abandonner? Il a commandé la manœuvre, on a tourné le navire, il s'en est fallu d'une lame que nous soyons perdus corps et biens. Je vous écris sous cette impression. Pendant cette terrible tempête, votre souvenir ne m'a pas quitté. Enfin nous avons aperçu la barque qui se balançait au gré des flots, car les hommes qui la montaient étaient exténués, brisés de fatigue; leurs recherches avaient été vaines, le matelot était perdu.

» Tous les passagers se mirent à tirer sur les cordages; le lieutenant Bencraf et les matelots qui l'avaient accompagné tombèrent sur le pont du navire, sans connaissance. Ils avaient fait, pour sauver leur infortuné camarade, tout ce qu'il était humainement possible de faire. J'ai donné à ce jeune et courageux officier mon épingle de cravate, vous savez, cette couronne de comte ornée de perles, de diamants et de rubis. J'aurais voulu pouvoir lui donner la croix. Depuis trois jours nous sommes sous une triste impression, causée par la perte de cet homme.

» Nous apercevons les côtes d'Australie ; la première chose qui s'offre à nos yeux, c'est un navire brisé sur un rocher ; nous avons le pilote à bord. Dieu veut que j'arrive pour me soumettre à de plus rudes épreuves, la mort eût été trop douce pour moi ; que sa volonté soit faite ! »

XLVIII

MON COURS DE DROIT

Je ne crois pas me faire illusion ; ces lettres de Robert étaient bien touchantes et bien belles. Quand je les relis aujourd'hui, je me sens heureuse, je me sens fière d'avoir inspiré à cet homme si bon, si courageux dans son malheur, une passion si tendre et si dévouée. Mais alors mon cœur était trop troublé pour se connaître lui-même et pour savoir ce qu'il pouvait aimer ou haïr. Cette correspondance, d'ailleurs, ne me parvint que par fragments; tantôt par lettres détachées, tantôt par groupes de lettres, suivant les arrivages des navires, et les élans qu'elles m'inspiraient ne duraient qu'un jour.

Les lettres où Robert m'annonçait qu'il avait quitté l'Angleterre furent les seules qui me parvinrent de suite. Ma situation était affreuse. Je sentais venir la misère ; pour moi, c'était la mort.

Quand on a, comme Robert, occupé une grande position sociale, qu'on est noble et qu'on a été riche, on peut envisager sa ruine sans désespoir. La chute, quand on tombe de haut, donne le vertige, mais ce vertige peut, pour certaines natures taillées en grand, n'être pas sans charme. C'est une émotion nouvelle. On a l'espoir de se relever. On entrevoit confusément que, dans ce monde dont on a occupé les hauteurs, on retrouvera l'expiation du passé, des influences, des protections, des amis qui vous tendront la main pour vous aider à remonter, surtout quand on a un des beaux noms de France et qu'on possède des parents puissants et riches.

Mais pour une pauvre créature comme moi, sans protection de famille et avec un passé comme le mien, la ruine, quand elle arrive, est définitive. Je le savais; je ne m'étais jamais fait illusion sur l'avenir des courtisanes. Sachant avec quel mépris on parlait de mes pareilles, je m'étais promis de me soustraire aux humiliations de la vieillesse. Je m'étais toujours dit que si à trente ans je n'avais pas un moyen d'existence indépendant, je trouverais un refuge dans le suicide. Je ne me sentais pas le courage de subir cette misère poignante qui suit le mensonge du luxe artificiel au sein duquel j'avais vécu. Je ne me sentais pas le courage d'épuiser en dédains et en humiliations de toute nature le revers de cette médaille que des hommes intéressés montrent aux femmes dont ils désirent la chute tant qu'elles sont jeunes et belles. Je n'aurais jamais accepté les petits métiers de l'infamie. J'avais mon orgueil, orgueil mal placé, mais qui m'avait servi à ne faire de mal qu'à moi.

Il me fallait donc lutter ou mourir. C'était là peut-être le seul avantage que j'avais en ce moment sur Robert. Comme j'étais tombée de moins haut, ma ruine n'était pas si complète que la sienne. Il avait été obligé de fuir au bout du monde. Moi, je pouvais rester et disputer ma fortune à mes ennemis.

Mais pour lutter, il faut un courage et une expérience qui me manquaient alors. Aussi, ce qui me faisait le plus souffrir, c'était ma situation morale : je ne savais plus ce que j'étais, ma tête se perdait. J'étais devenue une énigme pour moi-même. La fièvre artificielle qui m'avait fait envier le succès des filles à la mode, des usurières de l'âme, s'était abattue. Seulement, ce qui l'avait remplacée, c'était la pire de toutes les souffrances humaines, l'irrésolution. Je ne croyais plus ni au bien ni au mal. Jamais je n'avais eu plus besoin d'activité, et je ne trouvais plus en moi de ressort pour agir.

Je restai quelques jours atterrée. Si cet état s'était prolongé (je n'ai jamais pu supporter trois jours de désespoir), je me serais tuée. Ce qui me sauva, ce fut l'excès de mon mal et la complication même de ma position.

Il y a en moi une telle rage de vie, une telle puissance d'existence, que ma nature devait l'emporter encore bien des fois sur des difficultés que j'avais crues insurmontables.

Les quelques mois que j'ai passés alors sont à mes yeux un véritable problème ; je ne comprends pas comment j'ai pu suffire à tant de douleurs, à tant de fatigues, à tant d'affaires.

Comme je l'avais prévu, on m'avait saisi mon appartement rue Joubert, mes voitures rue de la Chaussée-d'Antin, ma maison en Berry, et fait des oppositions sur l'hypothèque que Robert m'avait laissée en payement pour l'argent que je lui avais prêté ; toutes ces affaires étaient divisées, j'avais un procès dans chaque chambre.

L'éclat de ma liaison avec Robert et son départ

avaient fait beaucoup de bruit autour de ma vie. Les mauvaises réputations sont comme les bonnes, elles sont lentes à acquérir; mais quand elles ont passé un certain terme, elles vont toutes seules.

Le monde venait me chercher, et par besoin je montai quelques échelons de plus sur cette échelle du vice élégant.

Je continuais de vivre dans ce tourbillon, mais depuis longtemps je n'avais plus le cœur de mon personnage.

Ma vie reposait sur un double mensonge : mensonge financier, mensonge moral. On me croyait riche, et le terrain était miné sous mes pas. On me croyait plus pervertie que jamais, et mon âme valait mieux que ma vie. Je ressemblais à ces comiques si gais sur les planches et si tristes dans l'intimité qu'on a peine à les reconnaître.

J'avais donc quatre procès sur les bras. Mon avenir, celui de ma petite fille dépendaient de la justice. Je voyais avec terreur ma fortune et ma vie engagées dans une de ces longues et ruineuses parties où le gain n'empêche pas la perte. Je me disais : Que pèsera une femme comme moi dans la balance de la justice ? Je souffrais doublement d'une question d'intérêt et d'une question d'amour-propre.

Mon avoué à Paris, M. Picard, homme d'une haute intelligence et d'un grand mérite, me donna d'excellents conseils. Il m'adressa à M. Desmarest, qui voulut bien se charger de plaider ma cause ou plutôt mes causes. J'avais pour avoué à Châteauroux M. Berton-Pourriat, homme soigneux, dévoué aux causes qu'il représente, et il m'a rendu, grâce à sa vigilance, d'importants services. Toutes les personnes auxquelles je m'adressai, du reste, me montrèrent beaucoup de bienveillance et de dévouement ; seulement personne ne fait de procédure pour la gloire, et pour subvenir aux frais de la guerre, je fus obligée à de grands sacrifices.

J'ai toujours été curieuse et toujours aimé à me rendre compte des choses qui m'intéressent. Si au début de mon existence j'avais eu une occupation intellectuelle, ma vie aurait peut-être été bien différente. Je me fis expliquer mes droits ; je cherchais dans le code, j'écoutais, je questionnais, je voulais comprendre, savoir ; je compris et je sus toutes les mesures prises dans mon intérêt.

Un peu défiante de ma nature, je demandais des explications à plusieurs personnes pour les contrôler les unes par les autres et pour être bien sûre que les hommes d'affaires ne se ménageaient pas, car l'un d'eux, s'étant compromis par son zèle exagéré pour mes adversaires, allait être mis en jugement. Je ne tardai pas à comprendre le mécanisme de la justice. Je me familiarisai avec les mots qui m'avaient d'abord causé tant d'effroi.

Je passai ma vie dans les études d'huissiers, dans les études d'avoués, dans les cabinets des juges d'instruction. Pendant six mois on n'a vu que moi au Palais de justice.

Si je ne suis pas devenue très-savante en droit, ce n'est assurément pas la faute de mes adversaires, car je vous l'ai déjà dit, ils me firent des procès devant tous les tribunaux : tribunal civil, tribunal de commerce, tribunal de police correctionnelle, où on m'avait appelée en diffamation à propos d'une bonne qui m'avait volé de l'argent et dont j'avais eu l'audace de me plaindre.

Quand tous mes procès furent en train et que je pus me reposer un peu de mon activité chicanière, je m'occupai sérieusement de mon théâtre.

Les hommages ne me tournaient plus la tête. Je savais que cette vie ne durerait pas longtemps. Je voulais quitter le monde avant que le monde ne me quittât. Ma seule ressource d'avenir était le théâtre. Je m'y attachai comme à une espérance; mais ma vie était dévorée. Courtisane, actrice et plaideuse, c'est plus qu'il n'en faut pour remplir une existence. Je courais du bois à la salle des Pas perdus, de la salle des Pas perdus aux Variétés.

Il faut qu'il y ait un vertige dans certaines situations morales et que les passions s'attirent comme la foudre. J'étais triste et désenchantée; je ne voyais autour de moi qu'affection et dévouement.

On s'acharnait à me refaire une âme, un cœur, une existence d'amours rendue impossible par mon insouciance et mes préoccupations.

J'appris vers cette époque une nouvelle qui me fit pourtant une grosse peine. Une femme, dont j'avais fait la connaissance quand je demeurais rue Geoffroy-Marie, vint me voir et me dit que Deligny avait été tué en duel. Je me rappelai combien il avait été bon pour moi et je lui donnai des regrets bien sincères.

Je gagnai en première instance mon procès sur le mobilier de la rue Joubert. Ce succès me donna quelque confiance. En voyant qu'on me rendait justice, même à moi, un sentiment doux pénétra jusqu'à mon cœur. Cette vie active qui m'avait effrayée d'abord avait pour moi maintenant une sorte de charmes. J'étais étonnée de faire des réflexions qui ne s'étaient jamais présentées à mon esprit, ou qui n'y étaient arrivées que distraites par le tourbillon du monde ou par les entraînements de la jeunesse.

Je pris en dégoût la dépendance dans laquelle j'avais vécu jusqu'alors. A mesure que je pénétrais en moi, je regrettais de n'avoir pas dû à mon intelligence ce que j'avais dû à ma beauté.

Le procès sur la propriété du Poinçonnet devait se plaider dans le mois d'août au tribunal de Châteauroux. Mes adversaires, furieux de leur première défaite, employaient, comme toujours, les moyens extrêmes. Je fus obligée de faire un voyage au Poinçonnet. Ce voyage me fut bien pénible à cause des souvenirs qu'il me rappelait à chaque tour de roue. Les arbres, les stations, les buissons, tout avait un langage; je retrouvais l'image de Robert.

Le sentiment de la douleur présente rendait plus vif le regret du bonheur passé, de tant de songes évanouis, de tant d'illusions détruites ! J'eus beaucoup de peine à entrer dans ma maison; on avait établi un gardien à la saisie. Je fus obligée d'attendre pendant une heure dans la cour que le gardien voulût bien se déranger pour m'autoriser à pénétrer chez moi, ce qu'il fit d'assez mauvaise grâce. Cette contrariété me fut très-sensible.

Quelques jours après mes adversaires vinrent

fouiller la maison. Ils visitèrent les papiers les plus secrets de Robert ; ils espéraient trouver la preuve que je n'étais que son prête-nom ; et puis, je ne sais pourquoi, on était bien aise de faire du scandale, de traîner un grand nom dans la fange en le calomniant d'une manière odieuse.

Ces manœuvres inouïes, qu'on ne se serait pas permises vis-à-vis de personnes capables de se défendre, tournèrent à la confusion de mes adversaires. Elles indignèrent le tribunal et le disposèrent en ma faveur. Je fus défendue avec autant de cœur que de talent par M. Desmarest qui était venu plaider pour moi à Châteauroux.

Robert avait laissé de bons souvenirs dans le Berry, et lorsqu'on lui jeta l'insulte en pleine audience, juges et auditeurs se récrièrent.

J'étais restée à l'hôtel de la Promenade, attendant l'arrêt du tribunal avec l'anxiété d'une personne qui a encouru une condamnation à la peine de mort. Cette maison serait-elle vendue au plus offrant ? Allait-on chasser jusqu'à mon souvenir de cette demeure qui devait toujours me rappeler les doux projets d'avenir formés par Robert et où j'avais eu l'espérance de mourir ?

Mme Edouard Suard, la propriétaire de l'hôtel, fit tous ses efforts pour calmer mon anxiété pendant deux longues et mortelles journées. C'est une bonne et honnête créature, trop forte de sa vertu et trop juste d'esprit pour craindre le contact d'une femme déclassée quand il s'agit de donner une consolation, de calmer une douleur. Ce n'était pas la première fois, du reste, que j'avais pu apprécier la générosité de son cœur.

Lorsque je vins en ce pays pour la première fois, nous descendîmes à l'hôtel, puis Robert m'y ramena souvent quand il chassait dans la forêt. Sans cette aimable et indulgente personne, je serais restée seule, enfermée dans une chambre, des jours entiers.

Elle venait près de moi passer quelques minutes ou me faisait descendre près d'elle dans son salon particulier, petit sanctuaire tout orné de fleurs, d'ouvrages faits à la main, précieuses reliques qui annonçaient une vie d'ordre, de labeur et de foi.

J'étais tout heureuse d'écouter ses bons conseils, toute fière qu'elle voulût bien me les donner; malgré mon caractère et un genre d'existence qui contrastait singulièrement avec le fond de mes idées, j'appréciais à un très-haut point tout ce qu'il y avait de grand et d'élevé chez les autres femmes.

Ce sentiment du devoir qui leur semble si facile à accomplir me paraissait, à moi, une lourde tâche à remplir sur la terre, parce que la tentation du mal se présente sans cesse et sous toutes les formes. Au contact d'une honnête femme, mon cœur se dilatait, mon âme s'élevait ; avec de bonnes paroles et un peu de persévérance, on m'aurait facilement arrachée à moi-même.

Ceux qui auraient pu opérer ce miracle n'y étaient pas intéressés, et puis, il y a toujours une moitié du monde qui empêche l'autre moitié de faire le bien. Que dirait-on, en effet, si l'on voyait une mère de famille recevoir une femme déchue pour l'initier aux joies pures et simples de son intérieur, pour lui montrer qu'elle a perdu sa part de paradis en ce monde, et l'amener par des regrets à une conversion qui, pour être tardive, si elle était sincère, ne serait pas moins acceptée de Dieu et de tous ceux qui croient en lui !

J'ai voué à Mme Édouard une profonde reconnaissance ; je me suis tenue à distance par réserve ; ce qu'on a souvent pris chez moi pour de la froideur était de la timidité. Je me rendais justice, parce que je ne crois pas que le mépris de personne ait jamais égalé celui que Robert m'avait inspiré pour moi-même.

M. Édouard était au tribunal et fut le premier qui vint me donner des nouvelles de mon procès. Les deux avocats de Paris, deux célébrités du barreau, étaient en présence; la séance avait été agitée, on espérait que je gagnerais, mais rien n'était certain parce que le jugement n'était pas prononcé.

M. Edouard Suard a un caractère d'une vivacité extrême, mais au fond c'est un excellent cœur; il avait eu des rapports d'intérêt avec Robert et lui gardait le plus affectueux des souvenirs; aussi, lors de tous ces vilains procès, il se mit en quatre pour m'aider à sortir d'embarras, me rassurer, et il parvint à me faire emporter un peu d'espoir.

Je ne connus le résultat de ce procès que trois mois après. L'affaire avait été plaidée le 31 août, mais le jugement ne fut rendu qu'après les vacances.

Pour avoir longtemps attendu, le bonheur ne fut pas moins grand pour moi; mais, hélas! tous les ennuis m'arrivaient en partie double. Je n'avais gagné qu'une manche, mes adversaires en appelèrent à la Cour impériale de Bourges.

Ces deux premières et importantes victoires me permettaient toujours d'espérer; à mesure que le calme rentrait dans mon cœur, les impressions de ma vie passée me revenaient avec moins d'amertume; je devenais moins exigeante envers le bonheur. Je me sentais plus d'indulgence pour les autres, plus de sévérité pour moi-même.

L'éloignement et les événements qui semblaient nous unir avaient rendu à Robert sa véritable place dans mon cœur. Je commençais à souffrir bien cruellement de son exil, je n'avais pas reçu de lettres depuis celle qu'il m'avait écrite le jour de son arrivée; j'attendais de ses nouvelles avec impatience.

Ma pensée errait dans ces horizons lointains où il avait été cacher sa douleur et sa misère.

Je me faisais des reproches sanglants. Je doutais, quoi que je fisse, que Dieu me pardonnât jamais sa déchéance.

Je formais mille projets d'abnégation, de dévouement, de repentir, que je pourrai avouer plus tard, puisque la Providence devait m'aider à les accomplir.

Pour arriver à la petite maison que j'habitais, avenue de Saint-Cloud, il fallait traverser un jardin fermé d'une grille. Le salon était au rez-de-chaussée. La cheminée se trouvait en face de la porte, de sorte qu'en regardant dans la glace, je voyais passer tout le monde dans l'avenue, et je pouvais reconnaître les personnes qui sonnaient à la grille.

Il commençait à faire froid. J'avais fait allumer du feu. J'étais assise devant la cheminée et je regardais machinalement dans la glace, quand je vis ouvrir la grille sans qu'on eût sonné. Je poussai un grand cri.

C'était Richard...

Je l'avais reconnu de suite, quoiqu'il fût horriblement changé ! Il prononça mon nom. J'aurais voulu rentrer sous terre. Que pouvait-il venir faire chez moi ? M'accabler de reproches, me jeter à la face sa vie gaspillée, son bonheur perdu ?

Quand ma femme de chambre me demanda si je voulais le recevoir, je restai clouée sur ma chaise, sans trouver un mot à répondre. La porte était restée ouverte, et il me dit de sa voix douce :

— Est-ce que vous ne voulez pas me voir, Céleste ?

Je lui fis signe que si. Il entra et, attachant sur moi ses yeux encore adoucis par la souffrance, il me tendit la main en me disant :

— Est-ce que vous ne voulez pas m'embrasser, Céleste ?

— Oh ! si. Mais je n'ose pas ; vous devez tant me haïr !

— Moi ! je n'ai jamais cessé de vous aimer ; et il me serrait les mains avec passion. Sans votre souvenir, je me serais tué ! J'espérais toujours vous revoir. J'ai presque constamment été malade. Les fièvres ne m'ont pas quitté.

Cependant, j'avais presque refait une petite fortune. Nous avions, un de mes amis et moi, une maison en commun. Le feu l'a dévorée. J'ai pleuré ce malheur, uniquement parce que cela retardait mon retour en France, et que cela éloignait le moment où je pourrais vous revoir. J'avais quelquefois de vos nouvelles par des Français qui venaient en Californie. J'ai appris le malheur de M. Robert. Je le plains et lui pardonne tout le mal qu'il m'a fait. Je ne sais si vous éprouvez la même chose que moi. Le temps calme la douleur, adoucit la haine. Il n'y a que mon amour pour vous auquel le temps ne fasse rien.

J'ai reconstruit une maison à San-Francisco. Je l'ai louée à un banquier et me voilà. Je suis arrivé hier, j'ai été chercher votre adresse. Que cela me fait du bien de vous revoir !

— Et moi, que cela me fait du bien de savoir que vous ne me détestez pas !...

— Je vous déteste si peu, me dit-il, que si votre cœur était changé, et si vous vouliez accepter ce que je vous ai offert il y a deux ans, je vous l'offrirais encore, mais je sais bien que c'est impossible ; et il souriait tristement.

Je lui serrai les mains à mon tour, en lui disant :

— Mon bon Richard, vous avez un cœur d'or.

J'étais indigne d'un regard de vos yeux. Le mal que je vous ai fait ne m'a pas profité, et je ne suis pas plus heureuse que vous.

— Oui, me dit-il, je sais que M. Robert est parti, et qu'il ne vous reste rien de ce que je vous ai donné.

Si vous avez des ennemis, vous savez que vous pouvez toujours compter sur moi.

Je regardai ma pendule avec effroi. L'émotion et le plaisir que cette visite m'avait causés m'avaient fait oublier l'heure de mon théâtre.

On répétait une pièce intitulée *Taconnet*, pour les débuts de Frédérick-Lemaître. Il fallait être exacte, le grand artiste n'était pas patient. Richard vint me conduire, ne me quitta qu'à la porte des Variétés et emporta tout naturellement la permission de revenir me voir.

J'avais un poids de moins sur le cœur. Son retour m'avait fait du bien. Pourtant il me semblait que sa présence chez moi devait être un outrage au souvenir de Robert, je regrettais la permission que j'avais donnée, et je me promis de la retirer à la première occasion.

XLIX

LE THÉATRE DES VARIÉTÉS.

Je fis mes préparatifs pour rentrer dans Paris, car la saison commençait à devenir trop rigoureuse, et puis la raison qui m'avait éloignée de chez moi n'existait plus.

Je travaillais avec ardeur à mon théâtre, mais j'avais de ce côté bien des ennuis, à cause des petites perfidies des femmes et de la mauvaise volonté des directeurs et auteurs, qui s'obstinaient à me faire jouer des soubrettes, des grisettes et des danseuses.

Je n'avais ni l'organe, ni la taille, ni le physique de ces emplois. J'étais mauvaise parce que j'étais toujours à faux.

J'étais très-mécontente du rôle qui m'avait été donné dans la pièce récemment distribuée. Ce rôle était celui de la reine des Bacchantes, espèce de figuration que tout le monde aurait pu jouer; il s'agissait seulement d'être bien faite, car le costume ressemblait à celui des tableaux vivants.

Ce n'était pas ce qu'on m'avait promis, et je signifiai au directeur que s'il ne voulait pas me donner un rôle que je pusse travailler, je quitterais le théâtre. On en parla aux auteurs, qui finirent par me donner, au refus d'une autre, le rôle du Palais de Cristal, dans la revue de 1852.

Je me donnais un mal dont on aurait dû me savoir gré. Une nouvelle danse, l'*Impériale*, venait de paraître; on me pria de la danser avec Page. J'acceptai, quoique depuis longtemps je désirasse en finir définitivement avec cette chorégraphie qu'on m'imposait dans toutes les pièces, toujours et à tout propos.

J'aimais tout ce qui avait du talent; je défendais mes préférées avec une chaleur qui me laissait toujours maîtresse du terrain quand il y avait discussion.

Il va sans dire que j'étais fanatique du talent de la grande tragédienne, talent magique, sublime, incontestable, qui trouvait pourtant ses détracteurs au milieu de méchantes cabotines sans autre esprit qu'une méchanceté constante et sans autre mérite qu'un joli visage. On la lapidait au physique ou au moral, la jalousie féminine trouve toujours prise.

Un jour, pendant une des répétitions de la revue, une jolie petite juive parlait très-irrespectueusement de Rachel, cette véritable reine de ses coreligionnaires. Je ne pus m'empêcher de prendre la défense de celle qui n'était pas là pour répondre, bien que je ne la connusse que pour l'avoir vue jouer et l'avoir applaudie comme tout le monde. Je me souvenais seulement d'avoir pleuré, tremblé, pâli plus que les autres en l'écoutant.

Après avoir assisté à une représentation de *Phèdre*, je rentrai chez moi en proie à la fièvre ; j'avais le délire de l'enthousiasme ; j'entendis toute la nuit tinter à mes oreilles la voix vibrante, plaintive ou sonore de la tragédienne. Jamais statue antique ne m'avait paru aussi belle que Rachel !

Cette puissance concentrée, ce sourire plein de haine et de mépris, ce regard plein de colère ou d'amour, tout cela était nouveau pour moi et m'avait paru surnaturel. Pendant le temps que dura cette représentation, mon âme resta suspendue aux plis de la tunique dont la grande actrice sait si bien se draper; tout disparut autour de moi, je ne vis plus et n'entendis plus qu'elle. Je restai longtemps sous le charme qui me faisait adorer le Théâtre-Français.

Je disais donc que, comme toutes les puissances, Rachel était attaquée, et que moi, qui étais sérieusement éprise de son génie, je me révoltais quand on ne la trouvait pas parfaite.

— Elle est fière, impertinente, hautaine, disait donc ce jour-là la juive en question en parlant d'*Andromaque*. Je l'ai connue dans la misère, je lui ai prêté jusqu'à mes robes quand elle chantait dans les rues, et aujourd'hui elle ne me salue pas.

Cette ingratitude me paraissait incompatible avec le caractère de Rachel. Je savais, car les secrets de son existence appartenaient au public comme tous ceux des grands hommes, je savais qu'elle était généreuse jusqu'à la prodigalité, insouciante des grandeurs où l'avait élevée son génie, et que, loin de rougir de sa misère passée, elle en parlait elle-même et s'entourait volontiers de ceux qui l'avaient connue quand elle était enfant. Je donnai donc un démenti à ma chère camarade en l'assurant qu'elle se vantait en disant avoir connu Rachel, et surtout l'avoir obligée de ses robes. Elle jura ses grands dieux qu'elle disait la vérité ; je la crus moins que jamais et je me promis d'en avoir le cœur net.

On n'était pas reçu à toute heure chez Mlle Rachel, quand on y était reçu, parce que les curieux et les importuns auraient envahi son petit hôtel de la rue Trudon. On m'avait prévenue, mais je me dirigeai chez elle en sortant du théâtre, décidée à voir par moi-même.

En effet, le concierge, qui se trouvait dans une jolie petite niche en entrant à droite, me fit signe de m'asseoir dans un beau fauteuil à la Voltaire, et me pria d'examiner ses tableaux et ses curiosités le temps qu'il irait voir si Mlle Rachel était visible. Je regrettais d'être venue. Qu'allais-je dire ? comment allais-je m'y prendre ? quel prétexte allais-je inventer pour motiver ma visite ? La vérité était le dernier des moyens que je voulusse évoquer.

J'en étais là de mes réflexions quand un domestique en livrée entra, ce c'était pas celui qui était allé m'annoncer ; le nouveau venu me regarda tout à son aise, puis, après m'avoir examiné quelques secondes, comme si sa réponse devait être subordonnée à l'air qu'il me trouvait, il me dit :

— Madame est dans son cabinet de travail, elle ne reçoit pas aujourd'hui ; revenez jeudi à deux heures, madame vous recevra. Si ce que vous avez à lui dire est pressé, écrivez-lui.

J'avais eu peur d'un refus formel, mon cœur se dégonfla, et j'éprouvai autant de joie, à l'idée de voir et de causer quelques secondes avec cette femme sublime à mes yeux, qu'un astronome en aurait eu à se promener à pied dans les astres. Je dînais ce soir-là chez une personne qui avait un beau jardin, on me permit de faire un bouquet, je le trouvai si beau à cause des fleurs rares qu'il renfermait, que je l'envoyai à Mlle Rachel avec une lettre où je la remerciais de vouloir bien me recevoir.

Je n'avais pas encore trouvé mon prétexte, il vint me trouver lui-même. Le jeudi matin, à onze heures, un artiste, un père de famille qui avait un bénéfice aux Variétés la semaine suivante, vint m'offrir des places et surtout se recommander à moi pour lui en placer. Je pris deux loges de face une bonne avant-scène, et je me rendis chez Mlle Rachel.

J'avais passé deux heures à ma toilette; j'étais toute gaie et triste à la fois.

Je n'aurai jamais d'audience royale, mais si cela m'arrivait, je ne serais certes pas plus émue que je ne l'ai été lorsque le domestique me dit :

— Par ici, mademoiselle. Madame est malade, mais elle vous recevra quand même.

Il passa devant moi pour me montrer le chemin, nous montâmes un petit escalier tortueux. Arrivé au second, il ouvrit une porte et m'annonça.

— Faites entrer, répondit la voix qui m'avait fait tressaillir tant de fois.

La pièce dans laquelle on venait de m'introduire était plus longue que large, elle était simplement meublée ; la tenture était en perse, le tapis de Smyrne. Ce qui me frappa par son étrangeté, ce fut le costume de Rachel.

Elle était couchée dans un lit qui faisait face à la porte. Son buste sortait à demi. Elle portait, par-dessus un peignoir de batiste admirable, une jaquette de velours vert, soutachée d'or, les manches étaient faites à la grecque. Autour de sa tête était enroulée, avec un art infini, une écharpe algérienne aux couleurs voyantes. De chaque côté de cette espèce de turban à la juive, retombaient sur ses épaules les bouts frangés de l'écharpe. Ses cheveux noirs et un peu frisés naturellement s'échappaient par places en petites boucles soyeuses.

En une seconde, elle me fit croire à toutes ces beautés israélites décrites dans l'histoire sainte, si bien illustrée par Horace Vernet. Je fus interdite; honteuse; on m'avait toujours dit que je ressemblais à Rachel. En ce moment, cette ressemblance me paraissait impossible, injurieuse pour elle. Elle aussi cherchait à découvrir cette prétendue ressemblance, car elle m'examina quelques secondes en silence.

— Asseyez-vous, me dit-elle en m'indiquant, avec sa main blanche comme de l'albâtre, le fauteuil qui se trouvait auprès de son lit. — Vous m'avez fait dire que vous aviez à me parler, que puis-je pour vous être agréable?

— Mon Dieu, madame, lui dis-je, un peu rassurée par la façon toute gracieuse avec laquelle ces paroles étaient dites; ce matin encore, je cherchais un prétexte qui vous parût au moins passable, il est venu à moi aujourd'hui. Je crois aux *dit-on*; on prétend que j'ai du bonheur, mais je ne veux point me servir d'un détour.

Ce qui m'a amenée à votre porte la première fois, c'est un immense désir de vous voir de près, afin de vous exprimer ma gratitude pour toutes les grandes et profondes émotions que votre talent m'a fait éprouver. Cela ressemble beaucoup à de la curiosité, c'est possible; mais il me semble qu'elle vient du cœur et que vous me la pardonnerez.

Mlle Rachel me tendit la main en me disant:

Asseyez-vous là près de moi, je dois parler peu et très-bas, je suis enrhumée, la gorge me fait mal. Vous êtes toute pardonnée ; le plaisir que vous dites éprouver est partagé. Je suis toujours heureuse d'apprendre qu'une personne a de la sympathie pour moi.

En ce moment, une de ses sœurs entra, tenant un rouleau de papier à la main ; elle venait, je crois, répéter quelque chose. (Je ne sais si c'était Dinah ou Rébecca.) Elle était petite et mignonne comme un enfant.

— Laisse-nous, lui dit Mlle Rachel en l'embrassant au front. Tu reviendras dans une demi-heure.

Elle sortit en me regardant à la dérobée ; évidemment, elle savait qui j'étais et cherchait aussi la fameuse ressemblance.

Lorsque la porte fut refermée, Mlle Rachel me dit en souriant : — Et peut-on vous demander sans indiscrétion quel était le prétexte de ce matin ?

— Une représentation au bénéfice d'un brave garçon qui m'a priée de lui placer des billets.

— Vous avez bien fait de donner un autre motif à votre visite ; je suis assiégée de demandes du matin au soir, et quelquefois du soir au matin, reprit-elle en souriant. Si j'avais joué aux représentations à bénéfice chaque fois qu'on m'en a priée, j'aurais passé ma vie dans tous les théâtres excepté dans le mien. J'ai pris un parti et je refuse impitoyablement de payer de ma personne, mais il n'en est pas de même pour les loges et je me mets à votre discrétion. Combien voulez-vous m'en donner ?

— Une, puisque vous voulez bien ne pas me refuser.

— Une n'est pas assez, vous m'en enverrez une seconde pour ma mère.

—J'aime mieux vous l'apporter moi-même si vous le permettez.

— De grand cœur, me dit-elle en me tendant une seconde fois la main.

J'y retournai le samedi ; elle était dans son salon au premier étage ; à gauche, en entrant, se trouvait une jardinière à espalier toute recouverte de lierre ; un divan capitonné en perse, dessin cachemire, faisait le tour du salon ; à droite, se trouvait une armoire à portes vitrées contenant mille curiosités. Je ne vis pas de suite Mlle Rachel ; elle était assise dans un grand fauteuil, le dos tourné au jour. Au-dessus de sa tête, dans un cadre ovale, était suspendu un portrait d'enfant ; c'était celui de son fils aîné, ravissant petit garçon dont le regard, intelligent comme celui de sa mère, semblait vous suivre partout.

— Il est beau, mon fils! n'est-ce pas? me dit-elle en se levant; c'est un vrai trésor. Comment allez-vous?

— Mais à merveille, et vous? Mieux, j'espère, puisque je vous trouve levée.

— Je vais tout à fait bien. M'apportez-vous ma loge?

Je la lui donnai, elle m'indiqua un siége de la main, regarda le coupon quelques minutes pendant lesquelles elle sembla m'oublier tout à fait. Sa toilette était sombre ce jour-là et ajoutait encore à son air de tristesse. Elle portait une robe de moire antique noire montée à gros plis autour de la taille; par-dessus une jaquette en drap noir soutachée de petits lacets de même couleur; un col uni, des manchettes plates lui emprisonnaient le cou et les poignets; ses cheveux étaient arrangés en bandeaux lisses, une seule petite boucle frisée en anneau sur le milieu de son front trahissait des ondulations effacées. Par moment, elle semblait en proie à une grande agitation et paraissait parcourir un monde de sa pensée.

— Excusez-moi, me dit-elle en me voyant levée, je suis dévorée d'inquiétude. Je viens de refuser un rôle; ils me forceront à le jouer, mais je quitterai le théâtre. Je puis toujours être malade. Ah! tenez, me dit-elle en changeant de ton, voici pour les loges du bénéficiaire.

Je pris congé d'elle, et, comme elle ne me demanda pas de venir la revoir, je partis assez triste, car le charme qu'elle possède à un si haut point avait opéré sur moi comme il opère sur tous ceux qui l'ont approchée.

On l'aime quand on la voit, on en raffole quand elle vous parle.

Cinq jours après eut lieu la représentation de mon camarade M... Elle vint aux Variétés. Entre deux pièces, il voulut la remercier, et je fus avec lui.

Ce soir-là, elle était belle comme une étoile; elle était radieuse, ses yeux brillaient d'un éclat vif et doux à la fois, cela donnait une tout autre expression à sa physionomie. Sa bouche était souriante, sa voix douce. Il n'y avait qu'une opinion qui circulait de bouche en bouche; tout le monde disait :

— Comme Rachel est belle ce soir!

— Venez me voir, me dit-elle au moment où j'allais sortir. Je la remerciai d'un regard qui lui exprima toute ma gratitude, mais je ne voulus pas abuser, et je restai au moins quinze jours sans retourner rue Trudon.

Lorsque je la revis, je lui parlai de cette femme qui disait l'avoir connue intimement ; Mlle Rachel m'assura ne l'avoir jamais vue, et je la crus sans peine.

Je plaisantai donc ma bonne camarade, si longtemps et si bien, à ce qu'il paraît, qu'elle quitta les Variétés.

J'ai vu, en tout, Mlle Rachel sept ou huit fois ; je l'ai trouvée charmante, mais un peu fantasque, ce qui lui est bien permis.

On dirait que ses variations de caractère tiennent à une cause maladive, nerveuse, indépendante de sa volonté, et qu'elle souffre elle-même de cette espèce d'incertitude qui ne lui laisse jamais le temps de former un projet d'avenir. Ce qu'elle aime un jour lui déplaît le lendemain ; elle se construit des idoles pour s'amuser à les briser à sa fantaisie.

C'est une sirène, une enchanteresse qu'on aime malgré soi, et qu'on ne peut oublier quand on l'a connue dans ses beaux et bons moments.

Elle est affectueuse, simple, généreuse, indulgente ; quand rien ne l'irrite, ses manières sont distinguées, on dirait une duchesse ; mais lorsqu'elle se fâche, l'orage de son caractère est aussi terrible que le beau temps était calme.

Je la crois instruite ; elle raconte à merveille et sait écouter avec une patience infinie.

Un nouveau chagrin vint s'ajouter à mes tribulations théâtrales ; je restai quelques semaines sans aller la voir, puis je n'osai plus y retourner, mais je pensais et je pense souvent à elle.

L

UNE ÉTOILE

Je voyais rarement Richard. Je répétais presque toute la journée. Un soir, il me fit prier de l'attendre. Le lendemain, il arriva à l'heure qu'il m'avait indiquée. Je fus frappée de sa tristesse.

— Je viens vous faire mes adieux, me dit-il, je vous avais trompée pour ne pas vous inquiéter sur mon sort. L'incendie de San-Francisco ne m'a rien laissé.

— Et qu'allez-vous faire ? grand Dieu !

— Ce n'est pas à faire, c'est fait. Je me suis engagé hier comme simple soldat dans la légion étrangère, et je vais rejoindre mon régiment en Afrique.

Je n'avais pas le droit de combattre cette résolution. Il ne la prenait pas d'ailleurs comme un homme désespéré, mais comme un homme qui veut réparer par son énergie les entraînements de sa jeunesse. Sa dernière parole fut un vœu pour mon bonheur.

Mes procès étaient suspendus. Les choses marchaient avec une lenteur désespérante ; cela me rendait toutes mes terreurs.

On m'invitait de tous côtés à des dîners, à des bals. J'y allais. Je recevais chez moi, mais c'était moins pour m'amuser que pour me fuir, pour donner le change à mes bonnes amies et à mes idées pleines de tristesse.

Je vivais cinq heures par jour au théâtre. J'avais déjà joué dans une pièce faite par les auteurs de la revue, mais je les connaissais peu. Ils étaient tous deux jolis garçons, ce qui ne nuit en rien au mérite ; l'un était un véritable étourneau. Il contrefaisait à merveille les acteurs de Paris. Un jour, il vous faisait la cour en prenant l'organe enchanteur de Pelletier, l'acteur des Funambules, et il continuait avec le timbre de voix de Laurent, de l'Ambigu. L'autre, M. D..., était un homme de cœur et de mérite. Il était très-réservé avec les femmes de théâtre ; il leur montrait une grande froideur, et comme il ne faisait d'exception que pour moi, je lui étais reconnaissante de l'amitié qu'il me témoignait. Cet appui m'était d'autant plus nécessaire que les femmes me faisaient une guerre acharnée, au milieu de beaucoup de câlineries et d'embrassades.

B....., par exemple, est bien la femme la plus singulière que j'aie rencontrée de ma vie. Elle est criarde à fendre la tête. Tous les douze mois, elle veut avoir deux ans de moins. Elle ne parle que de son air distingué, et, en fait de théâtre, elle était jalouse du souffleur ; bonne personne, du reste, quand elle avait quitté ses planches.

Ozy, avec sa voix douce et sa jolie bouche, ne ménageait pas même ses intimes. Un jour, elle sortait du théâtre en grande toilette, M. C..., le directeur, lui demanda où elle allait. Elle lui répondit :

— Dame ! je vais où vous m'avez condamnée d'aller, chez Mlle Mogador, puisque vous me l'avez donnée pour camarade.

Il lui répondit :

— Mais il me semble que je n'ai pas imposé dans votre engagement l'obligation d'aller chez elle ?

Elle me fit sans doute mille amitiés ce jour-là, elle savait son monde comme une grande dame.

M. C.., avait pour caissier l'original le plus étrange qu'il fût possible d'imaginer. Il était gros, court et tout gris. On prétendait que c'était un juif arménien; mais il était difficile de savoir où il était né, car il parlait mal cinq ou six langues. Ses procédés administratifs consistaient à ne payer personne. Quand on lui demandait de l'argent ou des costumes, il vous répondait en allemand. Insistait-on, il parlait hébreu. Il avait eu, avec le concierge du théâtre, une histoire qui nous amusa pendant huit jours. Le concierge présentait sa note :

— Trente sous de mou, dit le caissier, pour quoi faire, du mou?

— Monsieur, reprit timidement le concierge, c'est pour les chats.

— Pour quoi faire, des chats?

— Mais, monsieur, pour manger les souris, qui, sans cela, mangeraient les décors.

— Eh bien ! répondit l'Arménien, rouge de colère, si les chats mangent les souris, ils n'ont pas besoin de mou; s'ils ne les mangent pas, il n'y a pas besoin de chats.

Et il refusa de payer.

Ces bizarreries étaient fort drôles, mais elles rendaient les artistes très-malheureux. J'avais trois costumes dans la revue. Je fus obligée de les acheter tous les trois; car, sans cela, je crois qu'il m'aurait obligée à me déguiser en Turc.

Je dois encore à mon admission aux Variétés d'avoir fait connaissance avec une de ces étoiles qui brillent sur Paris et qui en sont l'ornement indispensable, comme il est le sanctificateur indispensable à leur gloire. Si petite que soit la place qu'on occupe dans la capitale, on est toujours fier d'y briller, ne fût-ce que par une robe ou un chapeau ; mais la personne dont il s'agit n'avait besoin ni des robes de Camille ni des chapeaux de Laure. Elle avait pour toute parure de luxe une voix de rossignol, et si elle n'éblouissait pas les yeux, elle charmait les oreilles. Je ne sais à propos de quelle injustice commise à son préjudice elle quitta l'Opéra-Comique et vint aux Variétés jouer une pièce arrangée pour elle, c'est-à-dire, c'est *dérangée* qu'il faut écrire ; je ne sais encore pourquoi il lui prit fantaisie de jouer le rôle de Roxelane dans les *Trois Sultanes*; mais on fit de la musique sur des paroles difficiles à chanter, et, avec beaucoup de peine, on parvint à faire une nullité d'une médiocrité.

Tout Paris devait accourir voir la transfuge de l'Opéra-Comique. Grand bruit à l'intérieur, nettoyage des coulisses, balayage des loges, mise en frais de l'Arménien, rien ne fut épargné.

Par l'intervention d'un de mes amis, je fis obtenir à M. C... la pièce que le Théâtre-Français ne voulait pas laisser jouer au boulevard Montmartre.

Tout à sa nouvelle prima donna, il oublia même de me remercier. Mme Ugalde me dédommagea de cette rudesse. Son esprit est vif, son caractère charmant, et je crois son cœur excellent. La première fois que je la vis de près, je fus un peu désappointée, et le compliment que je me disposais à lui faire en entrant dans sa loge mourut sur mes lèvres.

Mme Ugalde, vous le savez, est plutôt petite que grande, et fortement boulotte ; elle marche mal, ses yeux sont ordinaires, sa bouche grande, ses lèvres fortes. La robe noire qu'elle portait ce soir-là, ses cheveux en l'air, me la firent trouver laide à première vue. Elle me pria fort gracieusement de m'asseoir, comme pour me donner le temps de l'examiner à mon aise, de me remettre ou de changer d'opinion à son égard.

Les femmes sont coquettes entre elles, et cela est bien simple, ce sont les conquêtes les plus difficiles à faire.

En ma qualité de mauvaise actrice, je jouais toujours au lever du rideau. Je venais de finir les *Reines des bals*, lorsque Boullé vint me dire :

—Avant de partir, vous entrerez chez Mᵐᵉ Ugalde, je vous conduirai à sa loge.

Boullé était notre régisseur; c'est un homme aussi grand et aussi maigre que l'Arménien est gros et petit. Boullé est le régisseur de la scène; il est bègue, nerveux, quelquefois colère, et plus il se fâche, plus sa maudite langue refuse de lui obéir. On rit, il s'emporte; pourtant il est excellent homme et vous pardonne très-vite les sottises qu'il vous a dites.

Son intelligence et son habileté sont connues; les artistes l'aiment beaucoup, et s'il est un peu banal, s'il donne raison à chacun, c'est que, vivant au milieu d'une république difficile à gouverner, il veut être bien avec tout le monde. Son fils, qui joue la comédie sous le nom de Nanteuil, n'est pas épargné plus que les autres. Un hasard nous faisait jouer ensemble dans toutes les pièces; je n'ose pas dire qu'il était aussi mauvais acteur que j'étais mauvaise actrice, mais je le pense; seulement c'était bien l'homme le plus consciencieux, le meilleur camarade que j'aie jamais connu. On le faisait danser avec moi, ce n'était pas trop son affaire; mais il y mettait tant de bonne volonté qu'il serait arrivé à sauter en mesure.

J'entrai donc, en descendant, car je m'habillais au second, chez la sirène du premier. Boullé m'annonça et, je l'ai dit, Mme Ugalde vint au-devant de moi, le sourire aux lèvres, sans doute pour me montrer ses dents blanches.

Si elle s'est fait à première vue une opinion de ma personne, elle a dû me trouver stupide.

N'ayant pas l'habitude de préparer mes phrases et ayant voulu faire une exception pour aborder convenablement la grande cantatrice, je me trouvai dépourvue comme un enfant qui a oublié son compliment. Il ne me venait pas à l'idée de dire autre chose, je voulais rattraper mon discours envolé à sa vue, elle continua sa toilette comme si je n'étais pas là.

Petit à petit, je vis revenir sous les couches de blanc, de rouge et de noir artistement posées, la belle fée aux roses de l'Opéra-Comique. Cela me rendit la parole, et une roulade lancée pour exercer sa voix, sans doute, au beau milieu d'une phrase, me rendit mon admiration.

Il était peut-être bien un peu tard, je n'avais pas de notes enchantées à jeter à ses pieds comme une pluie de perles. Elle me demanda en riant si je la trouvais un peu mieux ; l'embarras me rendit toute ma timidité, et je m'en pris encore une fois à la maudite expression de ma physionomie qui trahissait toujours mes pensées les plus secrètes.

Mme Ugalde, du reste, est très-modeste ; elle prend avis de tout le monde, elle n'a ni morgue ni orgueil, on dirait que son mérite l'étonne. Elle ne se fait jamais prier pour chanter, elle ne s'assujettit pas à ces mille précautions prises d'ordinaire par les chanteurs pour épargner leur voix.

Ce jour-là, elle était prête, on allait commencer *les Trois Sultanes*, la salle était pleine à s'écrouler. Elle me pria d'aller l'entendre pour lui dire comment je l'avais trouvée. Je crus d'abord qu'elle se moquait de moi, mais elle insista, et j'y fus.

Son entrée en scène fut accueillie par un tonnerre d'applaudissements, cela dura plus de vingt minutes ; chaque fois qu'elle voulait ouvrir la bouche, tous les spectateurs applaudissaient comme un seul homme. Elle fut émue aux larmes et chanta comme elle chante ; mais ce qui surprit tout le monde, ce fut sa manière de dire les vers. Non-seulement c'est une grande cantatrice, mais aussi une grande comédienne, jouant et riant avec autant de grâce qu'Augustine Brohan.

Les tirades, les morceaux furent bissés, la représentation fut double.

On avait engagé pour cette solennité une grande et belle personne, Mlle Irène. Ce soir-là, elle était éblouissante de beauté avec son costume de sultane et ses cheveux épars entrelacés de sequins d'or. Eh bien, le croirait-on ? le talent a une si grande puissance sur les masses, la volonté de Mme Ugalde est si ferme quand elle veut plaire ou briller, que ce soir-là elle fut trouvée plus belle que cette vraie beauté.

Kopp, qui remplissait un rôle d'eunuque, la seconda si bien qu'il eut une place dans son succès. Je le vis heureux une fois, une seule, car il se plaignait toujours, et en effet, on le sacrifiait un peu.

Le pauvre Baptiste de la *Vie de Bohême* ne voyait augmenter ni ses appointements ni ses rôles. Cela était injuste, et il aurait eu raison de se plaindre si cela avait servi à quelque chose.

Quand je retournai dans la loge de Mme Ugalde, elle s'habillait pour le dernier acte, et j'assistai à une grande discussion entre elle et son coiffeur.

Elle devait entrer en costume d'esclave et les cheveux pendants ; cela, soit dit en passant, ne lui faisait pas de peine, ses cheveux avaient au moins un mètre cinquante centimètres de longueur, cela lui faisait presque un manteau. Mais elle s'était mise dans l'idée qu'elle avait un creux derrière la tête et elle voulait absolument qu'on lui rembourrât la fossette que tout le monde a plus ou moins marquée derrière la nuque.

Charles (c'est le nom du coiffeur) se désespérait. Il ne trouvait rien pour combler la prétendue cavité, quand Mme Ugalde s'écria tout à coup en riant comme une folle, et se précipitant sur un des vieux fauteuils de l'administration :
— Voici mon affaire.

Elle présenta au coiffeur, qui recula épouvanté, une poignée de vieux crin. Tout le monde se récria, elle frappa du pied, mais l'artiste en cheveux tint bon et il refusa formellement de fourrer une parcelle de cette tignasse dans les magnifiques cheveux de la cantatrice.

Il fallut céder au nombre, mais elle demanda à chacun en particulier si ce qu'elle appelait son creux n'était pas ridicule. Quand elle s'adressa à Nargeot, notre chef d'orchestre (l'auteur de *Drin, drin*), il lui répondit :

— Je n'ai jamais rien vu de comparable à cela. Nargeot est un peu sourd, il avait compris qu'elle lui parlait de son succès.

Il y avait dans cette pièce, qui n'a eu aucun succès malgré le talent de l'artiste, un morceau qu'elle chantait à merveille et qui commençait ainsi.

Mon doux pays, France bien chère.

Pour l'entendre chanter par elle, j'irais en Belgique à pied. Quand j'avais fini, je restais dans les coulisses pour l'entendre, et Mme Ugalde me disait en passant : Je vais le chanter pour vous.

Un soir que j'étais à mon poste, le jour de la vingtième représentation, je crois, on me remit un petit papier plié en forme de billet. Je m'approchai du quinquet et je lus avec beaucoup de difficulté :

« Madame, il faut absolument que je vous parle ce soir ; je ne serai libre qu'à dix heures et demie, heure à laquelle vous me trouverez dans la galerie Vivienne, passage des Panoramas. »

Je crus d'abord à un amoureux sans gêne, puis, en regardant de nouveau, je reconnus une écriture de femme, écriture de femme qui ne sait pas écrire. Qui cela pouvait-il être ? attendrai-je ou n'attendrai-je pas ? Que pouvait-on me vouloir ? m'intriguer, sans doute.

Le plus simple était de ne pas attendre ; mais comme les femmes sont souvent plus curieuses que raisonnables, je sortis à dix heures et demie précises, et j'eus soin de regarder partout en traversant le passage. Je n'aperçus pas l'ombre d'une femme, mais je vis un petit jeune homme qui semblait venir à moi ; j'allais monter en voiture, rue Vivienne, lorsqu'il me dit d'une voix douce comme celle d'un enfant, et en ôtant son chapeau avec beaucoup de grâce :

— C'est moi qui vous ai écrit. Je désire vous parler, il fallait que ce que j'ai à vous dire fût bien pressé, car, vous le voyez, je n'ai pas pris le temps d'ôter mon costume.

Ses cheveux étaient d'un beau noir, bien plantés, mais frisés, pommadés avec une recherche qui me déplaît toujours chez un homme ; son front était élevé, l'expression de ses yeux douce, sa figure mince, son sourire agréable, l'ensemble était bien.

Quand il me parla de costume, je le regardai plus attentivement.

— Vous ne me connaissez pas, me dit-il en souriant, ou plutôt vous ne reconnaissez pas la petite fleuriste qui travaillait rue du Temple, la figurante du théâtre de Belleville.

LI

UNE VIEILLE CONNAISSANCE

Ce jeune homme était une femme, et je ne compris pas comment j'avais pu m'y méprendre une seconde.

Je quittai un peu cet air désagréable dont je ne puis me défaire tout à fait, et que bien des gens ont pris pour du dédain, de l'orgueil, ou une fierté qui serait bien mal placée chez une femme aussi déchue que moi.

Mon excuse, du reste, était justifiée par mon erreur, et j'eus peu de peine à me faire pardonner ma brusquerie. Je lui demandai si elle voulait monter dans ma voiture, afin que nous fussions plus à notre aise pour causer; elle accepta après m'avoir dit qu'elle venait me chercher pour me conduire chez une femme qui désirait me voir avant de mourir. Je lui demandai le nom de la malade, elle répondit :

Rue d'Angoulême, au coin du boulevard.

Et mon cocher partit.

— Ah! me dit-elle, quelle émotion j'ai éprouvée en vous revoyant! Le saisissement m'avait coupé la parole. J'avais presque peur; si vous m'aviez mal reçue! Je n'ai jamais perdu une occasion de vous voir à l'Hippodrome ou au théâtre, je vous suivais partout, de loin, bien entendu; chacun de vos succès me rendait heureuse, et j'aurais voulu vous le dire, mais je n'étais rien et vous montiez toujours. Vous riez, vous avez peut-être raison : les sœurs qui m'ont élevée me disaient un peu folle; je suis originale, affectueuse et je me souviens plus longtemps que les autres, voilà tout.

J'étais très-flattée de ce bon souvenir, mais j'étais encore plus intriguée de savoir chez qui j'allais et qui était ma compagne.

Je la priai donc de me dire plus clairement qui elle était, car le nom de sa malade m'était inconnu, et elle-même ne me rappelait aucun souvenir.

— Moi, me dit-elle, j'ai votre âge ; je suis née

le même jour que vous, je m'appelle Elisabeth comme vous, et nous avons fait notre apprentissage dans la même maison, rue du Temple.

Je me souvins alors, et je lui demandai ce qu'elle faisait et pourquoi elle portait ce costume.

— Dieu a repris ma mère, j'étais encore bien jeune, je me trouvais sans ressource, sans asile; les voisines me promenaient dans le quartier; on semblait demander de porte en porte :

« Quelqu'un a-t-il du pain de trop à donner à cette enfant ? »

Ma mère est morte rue de Bondy, et, pendant longtemps, la marchande des quatre saisons qui est sur le boulevard, à la porte de l'Ambigu-Comique, me donnait chaque soir le pain de seigle rassis, ou les cerises tournées qu'elle n'avait pu vendre dans la journée.

Mme Roger de B... entendit parler de moi; mon infortune la toucha, et elle me plaça chez des sœurs; mais elles avaient fort à faire avec moi.

Je me ressentais de ma vie errante, indépendante, presque vagabonde.

Mon bonheur ressemblait trop à la captivité pour me plaire; on me plaça en apprentissage, j'appris l'état de fleuriste.

Ensuite, j'ai aimé un artiste ; je lui croyais autant de cœur que de talent, je me suis trompée, ou plutôt je me suis fait illusion sur mon propre compte, je n'étais pas digne de lui. Qu'il soit heureux, c'est tout le mal que je lui souhaite !

Si, à l'époque où je l'ai connu, il avait voulu prendre mon existence, je sens bien qu'il aurait fait quelque chose de moi.

Enfin, j'ai rêvé la vie d'actrice ; il devait y avoir là un mouvement, une agitation, qui ne permettait point au cœur de s'endormir, à l'esprit de rêver.

J'étais figurante à Belleville, lorsque vous y vîntes jouer un rôle de grisette dans le *Canal Saint-Martin*.

Mais j'étais si malheureuse à cette époque que j'avais formé le projet de me noyer en passant sur le canal.

Personne n'aurait pu se faire une idée de ma misère ; je crois être restée cinq jours sans manger. J'étais gentille, j'aurais pu me vendre comme tant d'autres, mais je préférais me jeter au canal.

La leçon était dure pour moi, mais elle ne connaissait pas les détails de ma vie. Je lui demandai pourquoi elle ne m'avait pas parlé à Belleville.

— J'étais trop malheureuse, je vous aurais fait honte, ou vous m'auriez fait l'aumône, cela m'aurait humiliée ; et puis je voulais mourir : j'en aurais eu le courage si la force ne m'avait pas manqué, je suis tombée comme une masse.

Quand je revins à moi, j'étais dans un lit bien blanc, à l'hospice de la Pitié. On m'avait apportée là sur un brancard, et je me trouvais si heureuse de m'étendre sur un matelas que j'embrassais mes draps ; puis, quand je vis une bonne sœur, mon cœur se détendit, je me souvins des religieuses qui m'avaient élevée et je fondis en larmes.

Si j'avais pu entrer en religion à cette époque, il me semble que j'aurais servi le bon Dieu à deux genoux toute ma vie; mais il fallait ce que je n'avais pas: des protections ou de l'argent.

Lorsqu'on m'eut emmenée à l'hospice, Célestine fit une quête pour moi dans le théâtre, et lorsqu'elle m'en remit le montant, je vis votre nom sur la liste des souscripteurs. Quand je sortis, vous n'étiez plus à Belleville.

Je trouvai un peu d'ouvrage, j'allais renoncer au théâtre, quand mon bon ou mon mauvais génie me fit rencontrer une personne qui me proposa de chanter dans un café-concert ; on m'offrait quarante sous par jour et l'on s'engageait à me fournir les costumes.

Je crus faire un marché d'or et j'acceptai avec reconnaissance.

J'avais une voix de contralto ; à force de chanter dans tous les tons, ma voix se brisa ; je quittai la romance pour chanter la chansonnette, en costume d'homme.

Je suis toujours dans un café. On dit que j'ai contribué à sa fortune ; ce que je puis assurer, c'est qu'il n'a guère contribué à la mienne ; et puis je n'ai pas d'ordre, personne ne m'a appris à compter, voilà pourquoi je ne suis pas souvent en mesure pour obliger les autres autant que je le voudrais ; sans cela, je n'aurais pas été vous chercher.

Mais je vous parle de moi depuis une heure, comme s'il ne s'agissait pas d'une autre personne plus intéressante.

Depuis plusieurs mois je demeure dans un hôtel, rue d'Angoulême.

Il y a deux mois environ, une jeune femme est venue habiter la chambre qui touche à la mienne ; nous ne sommes séparées que par une porte condamnée.

J'entendais toujours parler, chez la concierge, d'une femme enceinte qui ne sortait jamais et vivait on ne savait de quoi ni comment.

J'avais cherché à la voir, plutôt par curiosité que par intérêt, elle semblait se cacher.

Un matin, j'entendis des plaintes et j'entrai chez elle. On courut chercher un médecin ; la pauvre femme resta dans les douleurs jusqu'à deux heures du matin ; en venant au monde, son enfant semblait lui déchirer les entrailles.

A peine s'entendit-elle dire : « C'est une fille » Elle tomba dans une espèce de léthargie qui ressemblait à la mort.

Chose assez extraordinaire, la mère était pâle, maigre à lui compter les côtes, l'enfant était grasse, rose et blanche.

Je donnai la petite fille à nourrir à une femme du quartier, elle demanda bien cher, mais je n'avais pas le choix.

J'avais cherché dans les meubles de ma voisine de quoi emmailloter l'enfant et je n'avais trouvé que des reconnaissances du mont-de-piété.

Les tiroirs étaient vides et je payai le premier mois de la nourrice ; depuis, j'ai fait tout ce que j'ai pu, mais je ne puis pas grand'chose ; la pauvre femme va de mal en pis. Elle a fait de grands efforts pour écrire deux lettres qui sont restées sans réponse.

Cette dernière déception a semblé la briser, je lui avais demandé cent fois si elle avait des parents, des amis qui pussent lui venir en aide, elle m'avait toujours répondu que non, ce soir j'insistai davantage.

— J'ai eu une amie dans le temps, me dit-elle en cherchant à rassembler ses souvenirs, mais si celui qui m'a tant aimée m'abandonne dans un pareil moment, pourquoi se souviendrait-elle de moi? Puis, si elle s'en rappelait, ce serait un triste souvenir. Laissez-moi mourir, allez! je n'ai droit à la pitié de personne.

Je lui parlai de son enfant, elle parut se ranimer un peu en me disant :

— Ah! vous avez raison; je veux qu'on la mette aux Enfants-Trouvés, Céleste saura pourquoi. Allez la voir, vous la trouverez au théâtre des Variétés, elle n'a pas changé de nom, elle, et si son cœur est toujours le même, elle viendra.

Nous étions arrivées rue d'Angoulême; Adèle, c'était le nom de la fleuriste, me dit en descendant : Vous devriez renvoyer votre voiture, vous resterez probablement longtemps et j'irai vous en chercher une autre quand vous voudrez partir.

Je renvoyai mon cocher et je la suivis. La maison n'était pas élégante, l'escalier était raide, étroit, et sur chaque palier se trouvaient huit ou dix portes numérotées, portes qui disaient assez que les appartements devaient ressembler à des tabatières.

Mon cœur battait très-fort ; je suivais Adèle en silence, mais un monde d'idées me traversait la pensée, et lorsque nous arrivâmes au troisième, j'avais fait mille conjectures toutes plus éloignées les unes que les autres de la vérité.

Adèle ouvrit une porte avec précaution ; je vis une petite chambre pauvrement meublée et où tout était en désordre.

Je ne pouvais distinguer les traits de la malade, une chandelle qu'elle n'avait pas eu la force de moucher, sans doute, brûlait sur une table de nuit en bois peint placée un peu plus haut que la tête de la couchette et jetait sur les objets et sur la figure de cette femme des lueurs si étranges que je reculai d'un pas.

— Merci d'être venue, me dit une voix qui me fit tressaillir, merci, demain il eût été trop tard.

J'étais déjà auprès du lit et je tenais la tête de la pauvre Denise dans mes bras ; c'était bien elle que je retrouvais en cet état, dans cette misère, mon amie de la correction ; la première femme, peut-être la seule qui eût eu un véritable attachement pour moi.

Elle m'avait entraînée à mal faire sans savoir ce qu'elle faisait, puis elle l'avait regretté tant de de fois, et en ce moment je la voyais si cruellement punie, qu'il ne me vint pas un seul instant à l'idée de la considérer comme mon mauvais génie.

Je pleurais, je riais et j'étais bien convaincue que ma présence allait lui rendre la santé, la vie.

Adèle plaça une tasse de tisane sur la table de nuit, nous apporta une bougie, m'approcha une chaise et sortit en me disant : « Si vous avez besoin de moi, frappez à cette porte et ne parlez pas trop haut si vous avez des secrets, car, de chez moi, j'entends tout ce qui se dit ici.

Denise tint longtemps ses mains dans les miennes, je les sentais se réchauffer petit à petit. J'attendais qu'elle pût me parler, car moi, je ne trouvais point un mot à dire ; je me sentais émue, désolée, j'étais bien réellement en face de la mort. La pauvre femme n'avait plus qu'un souffle, et il était si faible que je le crus éteint vingt fois.

Je descendis chez le concierge, qui était, je crois, le maître de l'hôtel, et je le priai de faire chauffer un peu de vin de Bordeaux bien sucré, je fis boire à Denise quelques cuillerées de ce vin, il la réchauffa et ranima ses forces et sa mémoire.

Ses yeux brillèrent un peu dans leur orbite creusée par la souffrance et les privations. Sa mâchoire se dessinait sous sa peau transparente comme la cire et j'aurais pu compter au travers ses dents, le seul ornement qui lui restait.

On pouvait donc changer ainsi! une heure plus tôt, je ne l'aurais pas cru. Etait-ce bien là cette pauvre fille si fraîche, si enjouée, qui me faisait rire quand j'avais envie de pleurer? celle que j'avais crue mariée, heureuse, et dont je m'étais si peu souvenue au milieu de mes splendeurs, la croyant à l'abri du besoin! Que s'était-il donc passé? J'aurais voulu le savoir et je n'osais l'interroger.

— Allons, me dit-elle en se soulevant un peu, je me sens mieux; mais j'ai tant de choses à te dire que je ne sais pas par où commencer. Si je perdais connaissance, n'aie pas peur et appelle Adèle. Si tu savais comme elle a été bonne pour moi! C'est un cœur comme on en rencontre rarement dans la vie. Sans elle je serais morte; pour moi, un peu plus tôt, un peu plus tard, cela ne faisait rien, mais l'enfant voulait vivre et je n'avais pas une goutte de lait. Adèle a vendu ou engagé ses robes pour me secourir et je crois qu'elle garde son costume d'homme parce qu'elle n'a pas autre chose à mettre. Je n'aurais ni le courage ni la force de te raconter les détails de ma vie, reprit Denise après une pause; j'avais le cœur aimant, cela devait me conduire à toutes les faiblesses; j'étais confiante, cela devait me perdre. J'ai eu mon bonheur dans les mains et je l'ai brisé comme l'enfant brise un jouet; je croyais trop en moi pour douter des autres; aujourd'hui, il ne me reste pas même l'ombre d'un espoir et je ne te dirai pas les choses comme je les voyais alors, mais comme elles sont aujourd'hui que j'en connais le dénoûment.

Depuis que je me suis enfermée dans cette chambre avec ma douleur physique et morale, mon intelligence s'est développée; je suis sûre que mon jugement est juste, et si je pouvais enseigner aux femmes, au lieu de leur dire ce que je te disais, je les sauverais de la honte en me donnant à elles pour exemple et pour solution; mais je vais emporter dans la tombe mes regrets et mes envies de bien faire.

— Enfin, tu mourras pardonnée, n'est-ce pas?

Denise devint si pâle que je crus que tout était fini et je l'engageai à demander pardon à Dieu.

— J'ai trop péché, murmura-t-elle, un prêtre ne pourrait rien pour moi; que ma destinée s'accomplisse dans l'autre monde comme elle s'est accomplie dans celui-ci !

Je ne me rendis pas du tout à cette mauvaise raison, mais l'heure avancée de la nuit ne me permettait pas d'envoyer chercher un confesseur, ce que j'aurais certainement fait sans la consulter, car il doit y avoir, dans ces prières dites pour votre âme au moment suprême, une consolation infinie pour la réprouvée ; tout le monde la repousse, la méprise ; la religion lui tend la main, fait entrer le repentir dans son cœur, lui rend la foi, l'espérance perdue, et si l'on ne s'adressait pas à elle qu'au dernier moment, elle vous aiderait à vous supporter vous-même et vous apprendrait qu'il n'est jamais trop tard pour bien faire.

Denise avait trop d'intelligence pour ne pas comprendre, et je lui aurais fait entendre raison si elle avait pu m'écouter, mais elle reprit la parole et je n'osai plus l'interrompre.

— Je m'étais crue ambitieuse, orgueilleuse, mais je ne fus pas longtemps à m'apercevoir de mon erreur, et au fond j'étais plutôt faite pour être une bonne ménagère qu'une courtisane. Je m'attachais aux choses et je me faisais un intérieur avec rien. J'eus quelques liaisons commencées gaiement et toujours rompues avec des larmes de ma part.

Il y a huit ans, je fis à Rouen la connaissance

d'un jeune homme; il était employé dans une maison de commerce. Sa mère avait un peu de bien, mais cela ne devait pas lui faire une grande fortune, et je ne le voyais pas assez au-dessus de moi pour redouter une séparation motivée, comme cela arrive toujours, parce qu'on devient riche et que votre position, votre rang, vous obligent à vous marier. Sa mère habitait la campagne; moi, je demeurais avec lui et je portais son nom, quoique l'on sût à quoi s'en tenir. Il gagnait peu, mais j'apportais tant d'ordre dans notre petit ménage, que nous étions heureux; avec ma sotte confiance, je ne voyais pas de changement possible dans l'avenir. Il se nommait Edouard M....., son nom ne pouvait tenter personne; mon passé seul me séparait de lui, mais j'étais convaincue que je parviendrais à l'oublier moi-même en le lui faisant oublier à force de tendresse et d'abnégation. Pendant huit ans, je fus sa servante, son esclave, son bon génie, l'âme de son âme, l'esprit de son esprit. Il devint rangé, laborieux, instruit, parce que je l'encourageais au travail. Je ne devais jamais le quitter; il voulait m'épouser dès que sa mère serait convaincue que je l'aimais assez pour lui être dévouée et le rendre heureux; il me proposa plusieurs fois d'en finir malgré elle si elle faisait encore une objection, et je refusai parce que je voulais gagner mon bonheur.

Il y a un an, Édouard changea tout à coup; il était rêveur, préoccupé, contraint en ma présence. Les affaires l'absorbaient, me disait-il; son patron quittait le commerce et songeait à le mettre à la tête de son établissement, sa mère désirait ardemment lui voir une position; mais à tout cela il y avait un obstacle : l'obstacle, c'était moi. On cherchait bien à me le faire comprendre; mais ma confiance ou plutôt ma bêtise s'obstinait à ne pas voir clair.

Je comprenais seulement que sa position avec moi n'étant pas régulière pour le monde, il voulait m'épouser.

Un jour, je crus mourir de joie en lui apprenant que j'allais être mère. Un enfant devait me régénérer, faire tout oublier; c'était le pardon que Dieu m'envoyait! Au lieu de me sourire en apprenant cette nouvelle, Edouard devint pâle comme la mort, et, au lieu de me serrer la main, il recula.

J'eus le pressentiment de mon malheur, mais je ne voulais pas y croire, et il fut obligé de me le dire en pleurant; larmes hypocrites et plus cruelles que l'insulte des passants.

— Ma mère a pris des informations sur ton

passé, ma pauvre Louise (j'avais pris mon autre nom de baptême), et elle a su... Un mariage entre nous est désormais impossible, mais je ne t'abandonnerai pas.

L'idée d'une séparation me porta un coup si terrible, que je sentis de suite que je ne devais pas m'en relever.

S'il n'avait agi que pour le monde, je me serais résignée, et puis peut-être la vue de son enfant l'aurait-elle fait changer d'idée ; mais il agissait par égoïsme, par ambition et parce qu'il ne m'aimait plus.

Il fallait me briser pour se débarrasser de moi, et ne pas attendre surtout, dans la crainte du blâme, que mon enfant fût là.

Il me chercha mille querelles, je supportai tout pour mon enfant ; mais un jour il m'humilia avec cruauté. Ce jour-là, il fut le plus lâche de tous les hommes ! Il me reprocha un passé que je lui avais avoué.

Ce passé, disait-il, ne lui donnait aucune confiance, aucune sécurité, et mon enfant, ma seule force, pouvait aussi bien être d'un autre que de lui.

Il a fallu que je sois bien misérable pour ne pas tuer cet homme, bien forte pour ne pas devenir folle.

A moi, l'on ne me pardonnait pas ma chute! Amour, dévouement, maternité, rien ne pouvait me relever, et lui pouvait commettre de plus grandes fautes que moi, être mon complice, m'insulter, me chasser à son gré, sûr que cela n'altérerait en rien l'estime qu'on avait pour lui.

Je trouvais les choses d'ici-bas mal organisées, et, pour la première fois de ma vie, j'eus l'impudence de me plaindre d'un sort que je m'étais fait, il est vrai, mais sans connaître l'abîme où je me jetais.

Je me sauvai de chez lui, n'emportant que ce que j'avais sur moi. J'allai dans un hôtel, espérant qu'il reviendrait me chercher; il m'envoya mes effets et cinquante francs pour faire mon voyage. Sa mère était venue le chercher et l'obligeait à partir; il ne savait quand il pourrait me revoir et m'engageait à retourner à Paris, où il m'enverrait de l'argent dès qu'il le pourrait. J'attendis huit jours dans cet hôtel, huit jours qui me parurent huit siècles.

J'envoyai chez lui, il ne rentrait plus; je passai plusieurs fois pendant la nuit sous les fenêtres de notre petit logement; mes fleurs étaient toujours sur l'appui de la croisée, mais on ne les avait pas arrosées, elles retombaient flétries sur les bords de la caisse; jusqu'à mon oiseau qu'on avait laissé mourir de faim dans sa cage ; l'oiseau, les fleurs, la femme et l'enfant, tout devait avoir le même sort.

Voyant qu'il n'y avait plus d'espérance à avoir, car j'appris qu'il allait se marier avec la fille d'un négociant d'Elbeuf et qu'il comptait sur sa dot pour payer son établissement, je revins à Paris, décidée à travailler pour nourrir mon enfant ; j'avais compté sans le chagrin qui détruit les forces ; j'avais trouvé un peu d'ouvrage, mais je suis tombée malade. J'ai vingt-huit ans ; une première grossesse à cet âge vous fait horriblement souffrir ; j'ai regretté d'être partie, j'aurais dû rester auprès de lui comme un reproche vivant, mais je n'ai pas eu la force de repartir, mes ressources se sont épuisées petit à petit, je suis venue loger ici par économie, j'ai écrit à Rouen lettres sur lettres, ne demandant rien pour moi, mais pour mon enfant, qui devait souffrir des privations que je m'imposais, on ne m'a pas répondu.

Pas un secours, pas une parole de consolation ne m'est venue de lui ; il est marié, heureux, il n'a pas le temps de se souvenir, et je te l'ai dit, sans cette bonne fille tout serait fini, sans elle je n'aurais pas pensé à toi, je n'ai plus la force de rien.

Elle laissa tomber sa tête en avant comme une

chose inerte, j'eus peur, mais elle rouvrit les yeux et me fit signe de lui donner à boire, puis elle reprit :

— Puisque la destinée ou le hasard nous rapproche, je vais te dire à toi ce que je ne puis dire à d'autres, parce qu'ils ne me comprendraient pas.

Je l'engageai à se reposer, l'assurant que je ferais tout ce qui dépendrait de moi pour elle et son enfant.

— Moi, reprit-elle en souriant, je n'ai plus besoin que d'un morceau de toile et de quelques planches de sapin, et je ne veux pas que ni toi ni une autre femme se charge de ma fille. Oh! je sais bien que tu ne la pousserais pas à mal faire, mais on ne fait pas toujours ce qu'on voudrait, et je retrouverais des forces pour l'écraser si j'étais sûre qu'elle devînt ce que j'ai été. Je lui ai trouvé un asile où les orphelines trouvent une famille, des soins constants, un bon exemple, et où l'idée du mal ne peut arriver jusqu'à elles.

Ce mot d'enfant trouvé me faisait peur il y a huit jours, puis je m'y suis habituée en interrogeant mes souvenirs.

Jamais je n'ai rencontré parmi les femmes perdues une jeune fille qui ait été élevée aux Orphelines; et puis, je me rappelle les avoir vues quelquefois, toutes habillées de même, passer en rang dans les rues; elles étaient conduites par ces religieuses qui veillent sans cesse sur ce troupeau abandonné des hommes.

Tous ces enfants avaient l'air heureux, la sérénité de leurs âmes était transparente sur leurs visages résignés.

Pas une petite fille ne cherchait autour d'elle, elles se croyaient les enfants de Dieu, j'en suis sûre, et cela vaut mieux que de connaître sa mère quand on doit la mépriser.

Je cherchai à combattre sa résolution ; l'hospice des Enfants-Trouvés, que je n'avais jamais envisagé, il est vrai, sous ce point de vue, me paraissait la plus triste et la plus désespérée de toutes les demeures, mais je ne pouvais m'opposer aux dernières volontés d'une mère mourante qui ne voyait que ce moyen de salut pour sa fille.

Je résolus pourtant de tenter une dernière épreuve auprès de son père. Profitant d'un instant où Denise reposait, j'écrivis une longue lettre à un de mes amis qui habitait Rouen, je lui dépeignis de mon mieux la triste situation de cette pauvre abandonnée.

Le sujet et le lieu étaient bien faits pour m'inspirer des paroles touchantes! je joignis à cette lettre quelques lignes pour M. Edouard;

ces quelques lignes contenaient des reproches, des plaintes et des menaces. J'étais sûre d'avoir une réponse quelconque de mon ami, mais arriverait-elle à temps ?

LII

DENISE

J'envoyai chercher un médecin au point du jour ; il déclara que la malade ne pouvait être transportée chez moi, que son état était désespéré, que cependant elle pouvait encore vivre quelques jours si on lui faisait prendre les drogues qu'il ordonnait.

Je me fis amener la petite fille ; elle était gentille et d'une propreté éblouissante. Adèle lui avait acheté une jolie layette et allait voir l'enfant deux fois par jour pour s'assurer qu'elle ne manquait de rien. Adèle est une de ces natures qui ne se décrivent pas ; il faut voir par soi-même avec quelle simplicité, quel désintéressement elles font le bien, pour y croire.

Je voulus lui exprimer ma reconnaissance de ce qu'elle avait fait pour Denise ; elle me répondit que si Denise mourait, elle garderait son enfant, qu'elle n'était pas riche, mais qu'elle ferait de son mieux en travaillant un peu plus.

Elle l'aurait fait comme elle le disait, et je suis bien sûre qu'elle aurait continué avec tout ce qu'elle a de cœur ce qu'elle avait commencé.

Je revins voir Denise dans la même journée : elle se trouvait beaucoup plus mal ; le soir, on crut encore tout fini, on m'envoya chercher à minuit. Adèle lui frottait les tempes avec du vinaigre.

— Elle vient d'avoir une crise terrible, me dit-elle à demi-voix, c'est pour cette nuit.

Denise me fit signe qu'elle me voyait, mais elle ne put me parler et je restai auprès de son lit sans oser dire une parole. Elle dormit quelques heures, mais son sommeil était agité, elle se remuait, marmottait des paroles inintelligibles.

Tantôt il sortait de sa gorge des sons rauques et lugubres, tantôt de petits cris étranglés et plaintifs comme ceux d'un enfant. A cinq heures, elle se souleva sur son séant, ses joues creuses et pâles se ranimèrent un peu.

— Je viens de revivre, me dit-elle en souriant, j'ai rêvé.

Elle parla encore, mais ses paroles expirèrent entre ses dents, sa poitrine s'agita. J'avais vu mourir la mère de ma filleule et je compris que le moment suprême approchait. Je lui demandai si elle voulait recevoir les sacrements, elle me fit signe que non.

— Sa fille n'est pas encore baptisée, me dit Adèle à voix basse.

Je priai le domestique de l'hôtel d'aller à Sainte-Élisabeth chercher un prêtre et de m'envoyer de suite la nourrice de l'enfant.

Pour ne pas effrayer Denise, je lui annonçai que j'allais faire ondoyer sa fille en attendant la cérémonie régulière du baptême.

A sept heures, le prêtre arrivait; nous le laissâmes seul avec la malade. Il lui parla longtemps à voix basse, l'exhortant sans doute à la prière et au courage. Denise retrouva la parole et des larmes.

Elle voulut sans doute s'agenouiller pour demander pardon à Dieu, car nous entendîmes le prêtre lui dire :

— Vous n'êtes pas assez forte pour vous agenouiller; plus tard, mon enfant, vous prierez le Seigneur comme il convient de le prier; en attendant, c'est moi qui prierai pour vous.

Lorsque nous rentrâmes, elle était calme; sa figure avait pris une expression pleine de sérénité qu'elle n'avait pas une heure auparavant, et quand un tressaillement nerveux trahissait une de ses souffrances, elle embrassait un petit crucifix que le prêtre avait placé près d'elle afin de l'exhorter au courage.

L'enfant reçut l'onction première dans la chambre où sa mère venait de recevoir l'extrême-onction. Denise regarda tout ce que l'on faisait sans mot dire; une grosse larme roula sur sa joue et je crois qu'elle pria mentalement. Le prêtre lui promit de revenir la voir.

A neuf heures, ma domestique que j'avais prévenue m'apporta une lettre de Rouen; elle était de mon ami et voici à peu près ce qu'elle contenait :

« Ma chère Céleste, je m'étais mis à votre disposition et vous avez bien fait de vous adresser à moi. Je regrette que la mission dont vous m'avez chargé ait été aussi facile à remplir et je veux au moins avoir un mérite, celui de la promptitude.

» Je me suis rendu de suite chez M. Edouard M.... Ce fut sa mère qui me reçut; elle m'avait fait attendre près d'une heure, elle vint à moi en s'excusant de son mieux, mais son fils, me dit-elle, était dangereusement malade, il y avait en ce moment deux médecins près de lui et elle avait hâte de savoir le résultat de la consultation. Son fils avait commis une imprudence lors de son installation dans sa fabrique de rouennerie; les suites d'une sueur rentrée allaient peut-être le conduire au tombeau.

» La pauvre femme se mit à fondre en larmes, et je fus obligée d'attendre qu'elle fût un peu remise pour lui expliquer le motif de ma visite. Le moment, du reste, était propice, et je ne trouvai rien de mieux à faire que de lui lire votre lettre. Ses larmes redoublèrent, cela ne m'étonna pas, j'avais moi-même pleuré en la lisant.

» J'ajoutai à ma lecture quelques appréciations personnelles : — M. M... s'est mal conduit, lui dis-je; ce qu'il a fait là est l'action d'un homme sans cœur.

» Cette malheureuse n'a pas de parents, de soutien, eh! bien, dès aujourd'hui, elle a un ami, un protecteur en moi, et si votre fils ne fait pas ce qu'un honnête homme doit faire en pareille circonstance, donner du pain à un enfant qui ne lui demandait pas la vie, qu'il a créé pour son plaisir avec la volonté de l'abandonner, je lui dirai à lui-même ce que je pense et j'en supporterai toutes les conséquences.

» — Ah! s'écria la bonne femme, qui au fond n'a pas l'air méchant; vous oseriez provoquer mon fils pour une aventurière qu'il a trouvée je ne sais où!

» — Si vous ne le savez pas, vous, il doit le savoir, lui, puisqu'il y est allé; et puis, cette aventurière a porté son nom pendant sept ans, elle est la mère de son enfant et il doit la respecter s'il se respecte lui-même.

» S'il ne voulait pas l'épouser, il était libre, puisque sa conscience me paraît pleine d'élasticité; mais il devait faire quelque chose pour cette malheureuse en la quittant.

» Elle lui avait donné sept années de son amour, de sa jeunesse, on ne fait pas pareil présent trois fois dans sa vie et cela doit se payer.

» Du reste, on vous dit qu'il est trop tard pour la sauver, il n'y a donc rien à faire pour elle, mais il reste son enfant; le laisserez-vous aller à l'hospice comme un chien?

» Tenez! si vous faites cela, Dieu vous punira! et qui sait s'il ne commence pas en frappant votre fils.

» — Ah! monsieur, ne dites pas cela, s'écria la bonne femme en joignant les mains, vous me rendriez folle. Mon pauvre Edouard n'est pas méchant; il n'a même pas vu les dernières lettres de Louise, c'est moi qui les ai reçues, et reconnaissant l'écriture, je les ai brûlées sans les lire.

» Si j'avais su qu'elle fût aussi malheureuse, j'aurais été moi-même à Paris.

» Pauvre petite fille! si j'allais perdre mon fils, c'est tout ce qui me resterait de lui.

» Où demeure Louise? à Paris? je veux lu écrire, la supplier de me donner son enfant, le mien.

» J'en aurai bien soin, je l'aimerai de tout mon cœur pour expier mes torts envers sa mère.

» Tenez, vous aviez raison, le bon Dieu me punit et va peut-être me rendre le mal que j'ai fait à une autre. Qu'elle ne vienne pas, elle, vous entendez; mon Edouard est marié, mais qu'elle vous confie sa fille. Ah! si je pouvais aller à Paris! mais je dois rester ici.

» Je suis trop vieille pour souffrir autant; le moindre choc me brise, et si mon fils doit mourir demain, je voudrais mourir aujourd'hui.

» — Vous n'en avez plus le droit, lui dis-je, vous avez un autre enfant.

» Je rentrai chez moi pour vous écrire.

» Que voulez-vous faire?

» Puis-je vous être utile en quoi que ce soit? je suis tout à votre disposition. »

Je lus plusieurs fois cette lettre à Denise.

Elle me serra la main avec le peu de force qui lui restait, puis elle murmura :

— Il souffre... Cela me fait du bien de savoir qu'il n'avait pas reçu mes lettres. Que Dieu lui pardonne comme je lui pardonne le mal qu'il m'a fait! Il faut faire partir ma fille de suite. Je voudrais qu'il la vît au moins une fois.

Je fis venir la nourrice, Denise donna un long et dernier baiser à sa fille, ses lèvres restèrent entr'ouvertes, son regard fixe, elle était morte! non pas en désespérée, comme elle serait morte si le hasard ne m'eût pas amenée à son chevet, mais morte en croyante, le sourire aux lèvres et de l'espérance plein le cœur.

La nourrice partit à midi ou une heure.

Lorsqu'elle vit l'enfant s'éloigner, Adèle pleura, elle le regardait déjà comme étant à elle; il est si naturel d'avoir des affections chastes quand on est femme et jetée sur la terre sans famille, comme un pauvre esquif lancé en mer sans mâture, qu'on cherche toujours à se créer une tendresse durable.

— Allons, me dit-elle en essuyant ses larmes, le bonheur m'échappe encore une fois; il me semble que si j'avais eu une tâche à remplir, je serais arrivée à faire quelque chose de bien.

Le prêtre qui avait assisté Denise revint dans la journée, comme il l'avait promis, il pria longtemps près de la morte, et la garda quelques heures, en disant à son chevet la prière des morts; je ne doute pas qu'il ait obtenu sa grâce devant celui qui nous jugera tous!

Quant à moi, il me semble que les exhortations du saint homme m'avaient rendue meilleure.

Le surlendemain, je reçus une lettre de Rouen, qui me rassura tout à fait sur le compte de l'enfant de ma pauvre amie.

Son arrivée avait été fêtée par la mère d'Edouard; elle lui trouvait déjà une ressemblance avec son fils, mais la joie ne fut pas de longue durée.

La fièvre, le délire, s'étaient emparés du malade; il ne reconnut ni sa mère, ni sa femme, et il mourut entre leurs bras, vingt-quatre heures après Denise.

La bonne femme va reporter toute sa tendresse sur l'enfant, elle sera riche un jour; voilà une innocente qui ne portera pas les fautes d'une mère coupable : cela est juste, mais assez rare.

La mort de Denise m'affecta beaucoup; mais au milieu de mes tourments, de mes préoccupations, j'avais peu de place à donner aux regrets, et puis, à force de voir naître et mourir autour de soi, on s'habitue à la mort, et ce qui vous paraissait un événement au début de la vie vous semble moins extraordinaire au milieu, naturel, je crois, lorsqu'on arrive à la fin; d'ailleurs, il y a des êtres pour qui la mort est une délivrance. Je trouvais Denise bien plus heureuse que moi, et au lieu de m'apitoyer sur son sort, je l'enviais.

La misère dans laquelle je l'avais retrouvée venait encore justifier mes craintes pour l'avenir.

Le jour de la première représentation de la revue arriva. J'avais à chanter un très-grand rondeau. J'avais beaucoup travaillé, le rôle était sérieux, je l'avais bien compris, et pour la première fois depuis que je jouais la comédie, je me sentis à mon aise.

Le public me récompensa de mes efforts, je fus couverte d'applaudissements; on me fit bisser et je fus rappelée deux fois.

Les bravos sont une bien douce musique.

Mais, hélas! la gloire est incertaine et les médailles ont des revers. A la troisième représentation, je pris un demi ton au-dessus de l'orchestre et je chantai faux tout le temps, mais cela n'était qu'un accident, j'avais étonné tout le monde le jour de la première représentation, ma place était faite, j'avais attendu assez longtemps.

C'est à peu près à ce moment que je reçus les premières lettres que Robert m'avait écrites en mer.

Elles me firent à la fois beaucoup de bien et beaucoup de mal.

J'étais heureuse de voir que mon souvenir grandissait dans sa pensée à mesure qu'il s'éloignait de moi, mais ces plaintes si douces qui me venaient de si loin me navraient le cœur.

J'avais éprouvé depuis quelques mois des émotions si poignantes et si diverses, que mes forces physiques, malgré l'énergie de ma constitution, ne purent y résister.

Il s'opéra en moi une réaction terrible. Je tombai malade, si malade que je fus obligée d'interrompre mon service au théâtre.

Je quittai à la dix-huitième représentation.

M. D... vint me voir.

Il savait que je ne voulais plus reprendre mon rôle.

Il espérait me faire revenir sur cette détermination.

Il devint un de mes meilleurs amis et fut très-bon pour moi pendant cette maladie.

L'affection que je lui ai témoignée a prouvé que je ne le confondais pas avec d'autres.

Je me suis toujours très-effrayée des liaisons entre les auteurs et les actrices.

Il y a dans la vie de théâtre beaucoup d'écrivains consciencieux qui ne voient que les grands côtés de l'art, il y en a aussi malheureusement quelques-uns qui abusent de leur intelligence pour satisfaire les plus mauvais penchants.

Combien de jeunes gens, à l'esprit faux, se croient de grands hommes parce qu'ils tiennent une plume, et envient jusqu'à la haine ceux qu'ils ne peuvent atteindre! C'est un mélange de sentiments faux et injustes, révoltants.

Quelques-uns ont des mots particuliers; on dirait qu'ils parlent une langue à part.

Ainsi, pour exprimer qu'ils sont satisfaits d'eux-mêmes, ils disent :

« *Suis-je assez à la prestance! hein? Enfonce-t-on les fils de famille! Les hommes du monde sont des daims! Il n'y a que nous qui soyons sur la ligne.* »

Ils s'acharnent après les actrices, ils ne les quittent pas plus que leur ombre.

Leur grand moyen de séduction consiste à dire aux femmes de théâtre qu'elles seules sont les *véritables grandes dames.*

Ils vous font toutes sortes de misères. On les reçoit souvent parce qu'on ne peut pas faire autrement.

Ils ne veulent pas de femmes dans une position modeste.

C'est indigne d'eux ; il leur faut les plus élégantes, les plus prodigues.

Cela leur coûte si peu, et ils sont si complaisants ; mais si l'actrice, presque toujours courtisane, ne jette pas sous leurs pieds son manteau doré de luxe et de honte, si elle ne quitte pas tout pour les accompagner à l'estaminet, les regarder fumer leur pipe, ils méditent une vengeance.

Ils s'emparent d'elle, attendent derrière un rideau que le grand seigneur qu'elle trompe pour eux soit parti.

Ils prennent sa place, boivent dans son verre le vin qu'il a laissé et payé.

Quand ils sont ivres, ils insultent l'amphitryon.

Cette vie dure quelques mois sans qu'il leur en coûte même une bonne parole.

Ce n'est pas tout, il faut tirer parti de ce temps perdu à rire, à boire.

On écrit un pamphlet, une pièce de vers, un feuilleton, un drame où l'on fait du puritanisme.

Pour connaître les femmes, il faut vivre avec elles, diront-ils. Cela est un faux et mauvais prétexte.

Des hommes d'infiniment d'esprit les jugent et les condamnent sans avoir vécu du produit de leur honteuse existence.

Quand le moraliste est un complice qui me frappe, sûr de l'impunité, et qu'il n'a même pas pour excuse le semblant d'une conversion, cela me révolte.

Je connais un de ces hommes qui vivait aux dépens de ces femmes qu'il accable aujourd'hui; c'est le plus implacable.

Je me rends justice.

Je baisse le front jusqu'à terre devant une honnête femme; je ne répondrais pas aux réprimandes d'un homme juste, quelque sévères qu'elles fussent, je lui confesserais ma vie tout entière.

Je lui avouerais que j'ai fait le malheur de ceux qui m'entouraient, que je suis une affreuse créature, que moi et mes pareilles, nous devons être la terreur des honnêtes gens; mais quand un de ceux qui aident si souvent à la première chute m'insultera pour recevoir le soir chez une autre le prix de ce qu'il vient de dire de moi, je le regarderai en face, je lui rirai au nez en lui disant :

— Je vous pardonne parce qu'il faut que vous viviez. Combien vous a-t-on donné? Je comprends tous les marchés infâmes. Voyons : soyez franc et ne me dites pas que vous voulez redresser un monde que vous minez à sa base.

Ces types sont de rares exceptions, mais ils existent.

D... était un honnête homme plein de mépris pour cette littérature, et ce n'est pas lui qui songera jamais à faire du théâtre un tréteau pour une basse vengeance.

LIII

PRESSENTIMENTS.

Ma maladie m'avait rendu toutes mes tristesses, tous mes découragements, toutes mes amertumes.

Les jours succédaient aux jours, et je ne recevais plus de nouvelles de Robert.

Je commençais à concevoir de sérieuses inquiétudes, lorsque je reçus à la fois plusieurs lettres qui, tout en me donnant des détails tristes, me rassuraient au moins sur sa vie.

« 18 août 1852.

» Je ne sais, ma chère Céleste, si nous nous reverrons jamais!

» Telle est la vie; elle est pleine de courtes joies et de longues douleurs, de liaisons commencées et rompues.

» Par une étrange fatalité, ces liaisons ne sont jamais faites à l'heure où elles pourraient être durables.

» On découvre le cœur que l'on cherchait la veille du jour où ce cœur va cesser de battre.

» Mille choses, mille accidents séparent les âmes qui s'aiment pendant la vie; puis vient cette séparation de la mort qui renverse tous nos projets...

» Allons, mon cœur, cesse de te plaindre et ne te laisse pas abattre par les douleurs du souvenir, par les espérances trompées.

» Si tes douleurs sont aussi grandes que ton amour, que ton courage aussi soit à la hauteur de tes douleurs.

» Tu es à l'autre bout du monde, et tes cris

n'arriveront jamais pour déchirer le cœur qui te fait tant souffrir.

» Et quand même ils y arriveraient, que rencontreraient-ils comme écho ?

» Peut-être des cris de joie et de fête.

» Souffre donc sans te plaindre et que tes seules paroles soient des paroles de pardon et de tendresse.

» Cet amour n'est-il pas plus beau, plus pur dans ce pays, loin de ces joies, de ces rires, de ces orgies qui pouvaient le souiller et l'humilier par leur contact, loin de ce Paris, loin de ce monde où le dévouement est une sottise, la tendresse une folie, la fidélité un ridicule. »

« 19 août 1852.

» Je suis si souffrant, que le découragement s'empare de mon âme.

» Le bateau qui a dû partir d'Angleterre quinze jours après nous n'arrive pas.

» Je ne puis partir pour les mines dans l'état où

je suis, et d'un autre côté, je voudrais voir arriver ce bâtiment par lequel j'espère recevoir quelques nouvelles de France.

» J'ai écrit à mes parents la position dans laquelle je me trouve, et puis j'attends aussi M. L..., ce jeune homme dont je vous ai parlé dans mes premières lettres.

» Mes nuits sont atroces, toujours des rêves, des cauchemars, où votre image est mêlée.

» On dirait qu'elle s'assied à mon chevet, et qu'elle prend plaisir à me déchirer le cœur.

» Je me lève, et quoique bien faible, je reprends la plume pour vous écrire.

» Les mots me manquent pour rendre ma pensée, et pourtant mon cœur aurait tant de choses à vous dire, je voudrais tant vous voir, causer longtemps avec vous.

» Je sais que mes plaintes vous importunent et qu'elles ne réveilleront pas un amour éteint dans votre cœur; mais j'aime à me nourrir de mes angoisses.

» Je voudrais pouvoir vous en exprimer toute la violence.

» Oh! si j'étais aimé! je trouverais, pour vous parler, un langage digne du ciel.

» Les mots me manquent parce que votre âme ne peut comprendre mon âme.

» Je n'en puis plus.

» La souffrance physique brise mon moral; je suis si seul, je n'ose pas même demander un médecin, je ne pourrais pas le payer.

» Et ce vaisseau qui doit amener L..., et les lettres qui n'arrivent pas!

» Il est si doux, quand on souffre, d'avoir un ami.

» Il m'a témoigné de l'affection, sa présence serait pour moi une grande consolation.

» Pourvu que vous soyez heureuse! »

« 26 août 1852.

» Point de nouvelles! point de navire!

» Je croyais vous annoncer par cette lettre mon départ pour les mines, mais je ne puis quitter Sidney sans avoir reçu quelques nouvelles de France.

» Céleste, Céleste, je mérite au moins un souvenir de vous, et si mon nom vient quelquefois se mêler à vos joies et à vos plaisirs, tâchez au moins de conserver pour lui un respect que vous lui devez.

» J'attendrai encore quelques jours, jusqu'à la fin de la semaine, et si ce navire que j'attends n'arrive pas, je me mettrai en route pour les mines. »

« Sidney, lundi, 20 septembre 1852.

» Je monte à cheval dans une heure.

» J'ai employé mes dernières ressources ; après avoir vendu tout ce que j'avais pour acheter un cheval, je pars pour les mines.

» Je vais dans l'intérieur des terres, à deux cents lieues d'ici.

» Il me faut de onze à quinze jours pour arriver.

» J'ai un pressentiment que je n'en reviendrai pas.

» Outre la fatigue du voyage, c'est un métier si

dur, que je ne crois pas pouvoir y résister, et si j'y résistais, il y a trop de chances contre moi pour y réussir.

» Je ne veux pas me mettre en route, Céleste, sans t'adresser mes derniers adieux, toi qui as été le seul amour de ma vie et dont le souvenir et la pensée ne me quitteront qu'avec la vie.

» On dirait que mon amour pour toi s'est augmenté en raison du mal que tu m'as fait.

» Je t'aime aujourd'hui comme je t'ai toujours aimée.

» Plains-moi, car je souffre bien, et respecte un souvenir qui est le seul beau que tu puisses conserver.

» Je devrais te haïr et je t'adore.

» Adieu, idole de ma vie! Je t'envoie ce dernier souvenir comme si je ne devais jamais te revoir. Pourquoi le désirer?

» Qu'aurais-tu à me donner maintenant?

» Quand j'avais tout ce qui aurait pu te rendre fière de mon amour, tu l'as dédaigné.

» Aujourd'hui je suis ruiné, mes cheveux blanchissent, mon cœur est brisé, l'avenir est donc fini.

» Adieu, adieu, je t'aime! adieu, je te pardonne.

» Je jette cette lettre à la poste, en m'en allant à Sidney.

» Adieu, n'oublie pas qu'à l'extrémité du monde, il y a un cœur qui ne bat que pour toi. Adieu!

» ROBERT. »

J'écrivais souvent à Robert, mais combien mes lettres étaient loin d'égaler la brûlante éloquence des siennes.

Elles ne ressemblaient en rien à celles que je lui avais adressées autrefois dans le Berry : les premières étaient ardentes, passionnées, les secondes étaient froides et décolorées.

Etait-ce une marque d'indifférence? tout le monde l'aurait cru, lui-même peut-être m'en accusait; mais le cœur des femmes est une énigme, et tout le monde se serait trompé.

Seulement mon âme était trop troublée, trop profondément malade pour se répandre au dehors.

Robert en face de sa douleur et des magnificences de la nature, les yeux fixés sur l'Océan, m'écrivait des lettres admirables de poésie et de tendresse ! et moi, perdue au milieu de mille tracasseries, livrée à mille impressions qui torturaient ma vie, je me repliais sur moi-même, et je n'avais de force que que pour une muette douleur.

D'ailleurs, je ne savais pas où était Robert.

Je me demandais si mes lettres pourraient jamais lui parvenir.

C'est sans doute une infirmité de ma nature, mais cette incertitude glaçait ma pensée.

Le temps, qui est le maître de tout, avait dissipé mon mal mieux que l'art des médecins.

Comme toujours aussi, ma convalescence physique avait amené une sorte de convalescence morale.

Je reprenais un peu de confiance et de courage.

Les blessures que Robert m'avait faites se cicatrisaient peu à peu.

S'il n'eût pas été si malheureux, cela eût été plus long, peut-être cela aurait-il duré toute ma vie, mais il devait tant souffrir que, lorsqu'une des mauvaises pensées qui m'avaient rendue pendant deux ans complice de sa ruine venait traverser mon esprit, je la chassais, et malgré moi, je sentais revenir pour lui une tendresse que la vengeance avait mal étouffée.

Les femmes qui, comme moi, ont violé les lois de la pudeur, sont forcées de rougir de leurs pensées comme de leurs actions.

L'image de Robert n'était pas la seule qui vînt s'offrir à mon esprit.

J'avais écrit plusieurs lettres à Richard, et ces lettres étaient restées sans réponses.

J'étais bien sûre pourtant qu'il ne m'oubliait pas ; mais il était dans la nature de cette âme douce et tendre de se nourrir de sa mélancolie dans la solitude.

Pendant son voyage en Californie, il était resté deux ans sans m'écrire.

Je n'avais pas le droit d'imposer mon souvenir à cette âme souffrante.

Il vivait dans mon cœur, tombe bien indigne de lui. Pauvre Richard !

Si je ne lui ai pas donné tout l'amour qu'il méritait, s'il doit désormais rester étranger à ma vie, je lui garderai une grande place dans ma reconnaissance.

Je n'ai jamais souffert par lui.

J'ai souvent maudit l'amour que j'avais pour Robert, amour qui nous perdait tous deux, car, à force de me faire souffrir des inégalités de son caractère, il avait tué, étouffé ma passion, ma confiance, mon cœur s'était flétri, endurci, à force d'humiliations; me croyant sans cesse attaquée, j'étais toujours en révolte.

J'aimais Richard comme un frère, j'aurais voulu pouvoir lui rendre service au prix de mon sang.

Enfin, son souvenir était le parfum de ma vie, comme la nuit passée chez Robert avec une rivale en avait été l'enfer.

Il continuait de s'opérer en moi une grande transformation, mais rien n'était plus variable que mon humeur.

Parfois il me prenait des envies d'aller vivre dans un coin, seule, comme une bête sauvage.

Pauvre folle! n'avais-je pas ma chaîne à porter?

Il me fallait simuler la gaieté quand je mourai d'envie de pleurer, vendre les sourires que je n'avais plus.

Il me fallait répondre à toutes ces femmes qui me demandaient :

— Eh bien! où en sont vos procès?

— Ils vont à merveille, je suis sûre de les gagner tous.

Quand, au fond de l'âme, j'étais dévorée d'inquiétude, obligée de subir des amis importuns qui pouvaient me protéger ou me conseiller, entendre des déclarations absurdes.

Lorsqu'une femme est passable, on s'impose à elle, on ne lui donne rien, on ne lui laisse que la latitude de tomber un peu plus bas.

Il faut alors être rusée et devenir un profond diplomate, pour résister à toutes ces prétentions sans heurter ceux qui les ont.

Le plus acharné de mes ennemis était un amoureux éconduit.

Parfois, je formais le projet d'aller à l'étranger.

Ne pouvant m'échapper à moi-même, je voulais au moins échapper au pays où j'avais gaspillé mon existence.

Je retrouve la trace de ces préoccupations dans une de mes lettres à Robert.

Je trouve aussi la trace des mouvements de colère que le souvenir du passé me donnait quelquefois contre lui.

« Il est neuf heures du soir.

» Je suis près du feu, dans ce cabinet de toilette où cette femme était le jour où j'ai tant pleuré, sur ce lit qui aujourd'hui me fait l'effet d'une tombe.

» Depuis ce jour-là, je t'ai revu à mes pieds, tu l'as quittée pour moi; mais, depuis, je n'ai jamais été heureuse, le souvenir de quelques heures a tué toute ma vie avec toi.

» Et quand je pense à ta faiblesse pour cette femme, à la manière dont tu me laissas partir, mon cœur bat, ma tête brûle.

» Je ris et je suis heureuse de ta *misère*.

» Ah! j'ai tant souffert! et cette cicatrice qui vous a fait rire tous deux de moi me fait si souvent mal!

» Je n'ai pourtant pas le cœur haineux, mais je déteste cette créature à qui j'ai demandé miséricorde et à qui le bruit de cette scène a fait une auréole.

» Je ne vivrai probablement pas assez pour voir eur misère, à ces belles railleuses; mais si je survis à toutes mes peines, l'avenir qui les attend me vengera.

» Dès que mes procès seront terminés, je vais faire un grand voyage, je quitterai ce pays, j'irai à l'étranger.

» Je n'ai pas voulu faire d'engagement pour ici, ni pour Londres.

» Londres, c'est trop près.

» Une fois tout terminé, je partirai.

» Aller près de toi, c'est impossible, ce serait rejoindre nos misères.

» Tu ne feras rien dans ce pays que des années d'exil.

» Je ne serai plus là quand tu reviendras; morte ou partie, mon âme sera près de toi pour te dire :

» — Courage; tu dois espérer, tu es jeune encore, tu as des frères et des sœurs millionnaires; ils ne peuvent t'abandonner, ils ont voulu te faire subir une épreuve; ils ne la croyaient pas si rude; ils ont des cœurs pleins de noblesse, ils t'ouvriront les bras.

» Pour toi, il y a encore une étoile à l'horizon, ne la quitte plus des yeux; ton âme était pleine de piété, fais remonter tes pensées à Dieu.

» Pour moi, tout est nuit; j'ai le pressentiment que tu ne m'aimes plus, que la misère a arraché de ton cœur un amour qui n'était pas fait pour moi; une autre m'a peut-être remplacée; si elle te rend heureux, tant mieux. »

Mes lettres, du reste, n'étaient pas toujours amères.

Il y' en avait de bonnes et tendres, je lui disais :

« Si tous ces maudits procès étaient finis, je quitterais un monde qui me dégoûte, que je méprise, parce que c'est le pire de tous les mondes.

» Il s'enorgueillit de ses ridicules, c'est le vice sans besoin, sans passion, sans excuse.

» L'impudence, la dépravation président à tout ce qu'il appelle ses fêtes, ses plaisirs.

» On rougit de soi-même, quand le besoin vous rive à ses côtés.

» Si vous m'en trouviez encore digne, j'irais vous rejoindre aux antipodes.

» Vous serez vieux, dites-vous; eh bien, tant mieux, je ne vous en aimerai pas moins.

» Vous serez tout à moi; nous irons nous enfermer dans un coin du monde.

» Personne ne se souviendra de notre jeunesse, nous l'oublierons nous-mêmes.

» Je viens d'être bien malade, j'ai eu peur de mourir, uniquement à cause de vous ; je craignais de ne plus vous revoir.

» A vous ma vie ! Puisse-t-elle être assez longue pour racheter le passé. »

En attendant, la route théâtrale que je suivais était si aride, que j'avais souvent envie de m'arrêter.

Je crois que, sans Page, j'aurais abandonné le théâtre.

Malheureusement, elle tomba subitement malade et quitta les Variétés.

Ma seule amie partie, l'ennui me prit plus fort que jamais.

Je cherchais une distraction dans mes ennuis mêmes; à force de répondre aux attaques dirigées contre moi par mes adversaires, de faire des notes sur ma vie, notes indispensables à mes procès, je finis par prendre goût à ce griffonnage.

Je me défendais mieux en écrivant qu'en parlant. J'apportais, en présence des injustices dont j'étais victime, une ardeur fébrile qui gagnait ceux qui s'intéressaient à moi.

Un moment pourtant, je crus encore une fois tout perdu; la ruse, le croirait-on, était du côté des hommes; rien ne les arrêtait, et je cherchais souvent dans ma pensée s'il n'y avait pas une cause mystérieuse à cette guerre acharnée, déloyale.

La haine semblait égarer la raison de ceux qui me poursuivaient.

J'ai dit qu'en mon absence, on était entré chez

moi, qu'on avait ouvert mes meubles, compulsé mes papiers, mes lettres les plus intimes et pris tout ce qui semblait devoir être des armes contre moi.

Je déposai de nouvelles plaintes au parquet, mais la justice a tellement à faire qu'un instant je crus qu'elle s'arrêterait à moi.

J'étais sur le point de renoncer à tout, lorsque des attaques injurieuses dirigées contre Robert me rendirent toute mon énergie.

Il ne s'agissait que de mon argent ; pour lui, il s'agissait de l'honneur.

On l'accusait d'avoir fait des actes frauduleux.

On disait que, prévoyant sa ruine, il m'avait prise pour son prête-nom.

Les procès recommencèrent, pendant trois mois les journaux ne s'occupèrent que de cette affaire et soudèrent ainsi publiquement au mien un nom honorable, et qui ne pouvait être déclassé parce qu'il s'était ruiné, et puis Robert était exilé et si malheureux qu'il avait déjà expié une partie de ses torts.

Je ne pouvais l'entendre insulter et je tâchais de me faire éloquente pour le défendre.

Je dois dire que si un ami, un parent l'avait secouru de quelque mille francs à cette époque, tout cela se serait arrangé sans mon intervention, et mon nom ne se serait pas trouvé à chaque instant uni au sien pour le flétrir.

Quelques lettres écrites par moi à Robert et saisies chez moi, avec des papiers qu'il m'avait laissés en partant, figurèrent aux procès; elles furent imprimées dans le *Droit*, et on me les contesta.

Elles étaient trop jolies, disait-on, pour émaner de mon cerveau; on me les avait dictées, faites, que sais-je?

J'éprouvai de la peine à me voir discuter jusqu'à mes pensées; mais au lieu d'affaiblir mon courage, cela me rendit plus ardente, plus réfléchie.

Je commençai à comprendre que la vie laborieuse vous aidait à tout supporter; les tourments même deviennent un intérêt de tous les instants.

Je ne dormais plus, je mangeais à peine, mais j'avais un but : prouver que ce je possédais était à moi, que Robert avait pu être léger, mais qu'il était incapable d'une fourberie, d'avoir eu même la pensée des odieux calculs dont on l'accusait, et enfin défendre une petite fortune qui devait assurer mon avenir et me donner les moyens d'élever honorablement l'enfant que Dieu semblait m'avoir envoyé.

J'ai dit que, dans toutes les phases heureuses

ou malheureuses de mon existence, j'avais l'habitude d'écrire mes impressions.

Un ami m'avait engagé à reprendre toute ma vie passée, à faire une confession qui pourrait éclairer mes juges.

J'écrivis donc ma vie entière, espérant rendre ma défense plus facile.

Quelques années plus tôt, je n'aurais pas compris ce que l'on me demandait; quelques années plus tard, il n'aurait plus été temps.

Mais au moment de cette fermentation de mon esprit, je mesurai du regard les difficultés sans pâlir.

Etudier le jour, écrire la nuit, rien ne m'arrêtait.

Je me suis mise à ce travail et j'y ai trouvé un intérêt qui m'a surprise et enchantée.

En repassant ma vie, j'étais étonnée de voir les amertumes s'en adoucir.

Je découvrais en moi deux ressources dont je ne m'étais pas doutée, et je compris qu'il pouvait y avoir, en dehors des mouvements d'une existence agitée, de la joie et du bonheur.

J'avais comme un pressentiment que le dénoûment de ma vie se préparait.

Non-seulement mes souvenirs me rappelaient le passé, mais un hasard heureux semblait évoquer autour de moi les personnes pour qui j'avais gardé de l'affection.

Un jour, ma femme de chambre m'annonça qu'il y avait dans le salon un militaire qui voulait me parler.

— Je lui ai demandé son nom, me dit-elle.
Mais il m'a répondu :
— Votre maîtresse doit l'avoir oublié.

Piquée par la curiosité, j'allai au-devant du mystérieux visiteur.

Jugez de ma surprise; c'était Deligny! Deligny qu'on m'avait dit mort! Deligny bien portant et en costume d'officier! Je fis trois fois le tour de sa personne avant de lui dire un mot.

— Ah çà! dit-il, est-ce que vous ne me reconnaissez pas? Faut-il que je vous donne ma carte?

— Si, je vous reconnais bien, mais je ne suis pas fâchée de vous entendre causer un peu. On m'avait dit que vous étiez mort.

— Moi! dit-il en riant, je vous aurais envoyé un billet de faire part; mais, Dieu merci, je me porte bien, je suis à Paris depuis deux jours, c'est le temps qu'il m'a fallu pour vous déterrer. Voulez-vous me permettre de vous embrasser?

— De grand cœur.

— Hein! me dit-il, en se posant sur la hanche,

je suis changé. Oh! c'est qu'il fait chaud là bas, et j'ai mangé pas mal de vache enragée. C'est égal, c'est fait et je n'en suis pas fâché ! Je suis caserné à l'Ecole militaire. Je suis en petite tenue, aujourd'hui, ajouta-t-il en faisant un tour sur lui-même ; il y a la grande tenue qui est très-belle, je la mettrai la première fois que je viendrai vous voir, si vous le permettez.

— Mais certainement, mon bon Deligny, tant que cela vous fera plaisir ; vous avez l'air si joyeux que je n'ai pas besoin de demander si vous êtes heureux. Êtes-vous toujours querelleur?

— Il n'y a rien de changé, me dit-il, en me prenant les mains, et mon affection pour vous moins que tout le reste.

Comme je riais d'un air incrédule, il reprit :

— Il n'y a pas grand mérite à ne pas changer d'amour dans ce pays-là, où les femmes ressemblent à de la réglisse noire, et quand on leur parle de trop près, on a toutes les chances possibles pour qu'un Bédouin de mari vous envoie une balle dans la tête en guise de réponse ; et puis ce n'est pas là le motif, mais je n'aimerai jamais une autre femme que vous.

Je me mis à rire. Il reprit :

— Je m'entends, il y a amour et amour. Quelquefois on se moque de moi au quartier, mais je leur réponds que je ne suis pas le seul. On ne dit plus rien, parce qu'on sait bien que je n'entends pas la plaisanterie sur votre compte. Et vous, êtes-vous heureuse, Céleste?

— Oui, mon ami, très-heureuse de vous voir.

— Vrai, me dit-il, en m'embrassant les mains, eh bien, tant mieux! Je n'osais pas venir, car je sais que vous êtes actrice, que vous avez une cour nombreuse, que vous avez des voitures, des chevaux. A propos, je voudrais bien vous voir jouer. Ah! vous ne savez pas, ce pauvre Médème est mort, il a été tué en duel. Tout le monde a cru que c'était moi.

— C'est pour cela qu'on était venu me le dire. Pauvre garçon, il était si doux.

— Ah! bah! il ne faut pas y penser. Cela peut arriver à tout le monde; il vaut mieux finir comme cela qu'entre les mains des médecins. Mais il se fait tard, et je dîne en ville, il faut que je vous quitte. A revoir, ma bonne Céleste, nous dînerons ensemble un de ces jours; je vous présenterai de mes amis, de bons enfants. Ils vous connaissent, j'ai assez parlé de vous là-bas. Adieu, à bientôt!

Je le regardai partir. Je ne puis vous dire le

plaisir que j'éprouvais à lui voir l'air si heureux.

Je ressentis une véritable joie, ce qui ne m'était pas arrivé depuis longtemps.

J'avais aussi l'espérance qu'on avait envoyé quelques secours à mon pauvre Robert ; mes illusions à ce sujet ne devaient pas être de longue durée.

Au moment où Deligny sortait, on me remit un paquet de lettres venant d'Australie.

Je brisai le cachet avec un pressentiment douloureux, j'étais sûre que leur lecture devait m'affliger.

LIV

LES MINES D'AUSTRALIE.

—

Journal d'un mineur.

Je suis parti de Sydney à huit heures du matin avec un Français, M. Malfil..., qui, comme moi, se rend aux mines.

La route jusqu'a Paramatta est charmante.

Je n'ai de chance en rien. Mon cheval commence à se blesser sur la croupe et aux reins.

Déjeuner à Paramatta dans une auberge remplie d'indigènes ivres.

Nous nous remettons en route et nous arrivons au bac de Peurith, après avoir fait dix milles.

Nous traversons une rivière.

Le paysage change de nature et devient plus abrupte.

La route monte et côtoie des ravins d'une profondeur immense.

Nous entrons dans une forêt d'arbres gigantesques, comme je n'en ai jamais vus en Europe.

Par moment l'œil plonge dans des gorges à perte de vue, et à mesure que nous nous élevons, nous découvrons en nous retournant les plaines et les prairies que nous avons parcourues.

Toutes les fois que mon imagination s'exalte, mon cœur et mes pensées se reportent vers Céleste.

J'ai cueilli une petite branche d'une délicieuse bruyère sur le bord du chemin, me promettant de la lui envoyer dans ma première lettre.

A six heures du soir, nous avons été pris par la pluie et par la nuit.

Plus on s'éloigne de Sydney, plus les chemins sont mauvais ; enfin, moitié à pied, moitié à cheval, nous sommes arrivés à sept heures du soir à Blue.

Mon pauvre cheval est complétement abîmé sur le dos.

Cependant, grâce à un bon feu pour moi, une bonne paille pour mon cheval, nous pourrons, j'espère, recommencer demain.

Sur les quatre heures et demie, nous avons rencontré un bréak à quatre chevaux revenant de Bathurst.

La voiture était escortée.

C'est celle qui rapporte l'or.

Nous nous croisons aussi avec quelques diggers (mineurs) qui reviennent à cheval, et nous en trouvons un assez grand nombre campés au milieu des bouches avec des feux immenses autour de leurs voitures et de leurs chevaux.

Ces campements sont très-originaux, et surtout la nuit, ils font l'effet le plus singulier.

On dirait des camps de voleurs au milieu de ces bois immenses.

J'ai assisté à un spectacle si étrange, si nouveau pour moi, que je vais essayer de le décrire.

La nuit était belle.

Dans un ravin solitaire, sur les bords d'un petit creech, cinq mineurs étaient réunis.

La lune se promenait radieuse dans le ciel, et ses brillants rayons, passant à travers les branches de ces gigantesques pins, venaient se mêler à la rouge lueur d'un feu autour duquel ces cinq associés étaient groupés.

Ils venaient de prendre le thé.

Les figures et les accoutrements de ces individus étaient des plus extraordinaires; jamais Schiller n'a rêvé pour ses brigands des visages plus basanés, des barbes et des cheveux plus touffus et plus incultes.

Jamais le crayon du fantaisiste Callot n'a trouvé des haillons plus souillés, des chaussures plus sordides.

Chaque individu était un arsenal complet : pistolets, revolvers, couteaux, poignards, rien ne manquait à leurs ceintures; ainsi affublés, ils auraient été les types les plus grotesques sur un théâtre du boulevard ; dans une forêt d'Australie, ils étaient effrayants.

C'étaient pourtant d'inoffensifs diggers (mineurs) digérant un maigre souper après une journée de travail.

La conversation était bruyante, les gestes vifs et saccadés.

Je crus un moment qu'ils se disputaient plutôt qu'ils ne discutaient.

Un de ces hommes était étendu sur l'herbe, la tête appuyée sur le tronc d'un arbre, il paraissait souffrir beaucoup.

Ses camarades l'appelèrent Meurice en lui offrant à boire.

Meurice était plus distingué que les autres; mais la maladie avait dû faire des ravages considérables sur lui; il était plus pâle que la lune, ses joues étaient creuses, son œil presque éteint.

Il semblait ne prendre aucune part à la conversation de ses camarades.

— Paul, dit-il à l'un d'eux, j'ai soif.

Paul jeta sur lui un regard plein d'intérêt et de pitié; il lui passa une tasse en fer-blanc remplie d'un mélange de thé et d'eau-de-vie bien chaud, qu'il avala d'un trait.

— Veux-tu un grog, Cartahu? demanda Paul à un gros garçon qui regardait le petit morceau d'or empilé dans sa bourse de cuir.

La journée avait été fructueuse; le contentement était dans les yeux de Cartahu.

La figure de Paul était froide et contrastait avec celles de ses compagnons.

Ses cheveux et sa barbe étaient gris, des rides profondes sillonnaient son front; vieilli avant l'âge, on voyait qu'il cherchait plutôt l'oubli que l'ivresse.

Une bouteille d'eau-de-vie circulait de main en main et de bouche en bouche.

Nos trois autres compagnons allaient remplir la bouteille chaque fois qu'elle était vide à un baril placé sur une petite hauteur à cinquante pas environ.

L'ivresse commençait chez tous; Paul lui-même buvait par larges gorgées.

— Allons, disait-il chaque fois en buvant : cherchons, non pas comme eux, l'oubli, mais la goutte de poison qui donne le repos éternel. Allons, camarades, buvons encore un coup, aux amis absents, à nos souvenirs, à notre douleur, à nos espérances.

— Tiens, s'écria Cartahu, une idée; à nos dernières maîtresses.

Deux ou trois bouteilles d'eau-de-vie furent versées dans un large plat en fer-blanc qui sert à essayer la terre au lavage; on y mit le feu ; ce punch horrible de force fut englouti comme de l'eau pure, tant ce monde était au même niveau.

Meurice et Paul seuls ne hurlaient pas.

Meurice râlait dans un coin; Paul était comme abruti, l'œil fixe et un dédaigneux sourire errait sur ses lèvres.

— Je demande la parole pour le Faucheux, reprit Cartahu, en désignant un homme bâti comme une asperge montée. Parle, dit Cartahu, Mobile nous contera quelque chose après.

— J'ai soif, râla Meurice.

— A l'ordre, répondit Cartahu.

—Passez la tisane au sentimental, ajouta Mobile en tendant une tasse pleine de grog, et qu'il étouffe ses soupirs avec sa coqueluche.

— Gentlemen, exclama le Faucheux, voilà plus d'un an que nous piochons ensemble, dormons sous la même tente aussi mal que peu confortablement.

Le magot de la société s'arrondit, l'instant d'une séparation aussi douce que cruelle approche.

Personne n'a jamais parlé de son passé, c'est tout simple, on a ses petits secrets qu'on n'aime pas à divulguer.

En passant la ligne, on prend à la frontière un nouveau passe-port, un nouveau nom et une nouvelle existence.

Mais l'avenir, gentlemen, l'avenir avec sa fortune que nous touchons du doigt, comment chacun entendrait-il cette nouvelle existence ?

Allons, enfants de la patrie, le jour des confidences est arrivé ; que chacun débite son petit chapelet et redemande que l'auteur du plan le plus original soit promené en triomphe autour de ce sacré feu !

— Hourra ! hurlèrent Mobile et Cartahu.

— Pour donner le bon exemple, j'aurai l'honneur, continua le Faucheux, d'exposer à l'honorable assemblée mon plan d'avenir.

Je demande, avant de commencer, afin de clarifier mes idées, je demande un tour de grog.

L'eau-de-vie circula de nouveau.

— Je brûle et j'ai soif, murmura Meurice.

— Voilà du lolo pour l'enfant qui pleure, dit Mobile en passant une tasse à Meurice qui, dévoré par la fièvre, avala d'un trait.

— Messieurs, reprit le Faucheux, dans un mois, le temps de notre association sera fini, nous liquiderons, et pour ma part, je vous tire ma révérence.

Je vais à Paris, centre des grandes opérations, et où l'intelligence est sûre de réussir.

Les meilleurs claims [1], messieurs, se trouvent encore entre la place de la Madeleine et la porte Saint-Denis.

On y spécule sans danger sur la bonne foi et le malheur; la spéculation, quelquefois le tripotage, change votre monaco en cinq bons sous.

Avec l'argent, on aspire aux honneurs; je suis bientôt entouré d'hommages et d'égards; je vois le monde, le monde me voit; des grands seigneurs me serrent la main, se prosternent devant moi ou

---

[1] Trous à exploiter.

plutôt devant ma caisse; des duchesses, des marquises font antichambre chez moi.

Sous le poids de l'or, tout plie; les épines dorsales les plus rétives deviennent les plus flexibles. Quand Scribe composa ce vers:

> L'or n'est qu'une chimère,

il était gris ou n'avait pas un radis en poche.

Enfin, un jour, quand la confiance publique, cette grande éhontée, est à son apogée, quand ma caisse est pleine des dépôts de tous ces petits et niais spéculateurs, je prépare le grand escompte des livres où la justice n'a rien à faire, je suis la victime de la fièvre générale des spéculations; enfin je dépose mon bilan, donne 25 pour cent, obtiens mon concordat, et je me retire ruiné, victime de l'impulsion que j'ai voulu donner à l'industrie, avec quelques millions, débris que mes créanciers ont bien voulu m'abandonner, hein!

— Hourrah! crièrent Mobile et Cartahu, un tour de cognac! et la bouteille passa.

— J'ai soif, je souffre! murmura Meurice dans le délire de la fièvre.

Paul était immobile et fixe comme une statue de pierre, les dents serrées et les yeux haineux.

Cartahu, à la mine abrutie, fit signe qu'il voulait parler; il plongea la moitié de sa main dans sa bouche à seule fin de retirer une énorme chique de tabac, envoya cinq ou six jets de noire salive dans le brasier et, d'une voix de tragédien anglais, s'expliqua en ces termes :

— Toutes ces bricoles ne valent pas un vieux biscuit moisi.

Pour moi, voilà mon plan :

J'arme un joli brick de guerre, je racole une vingtaine de chenapans, vrais risque-tout.

Je me risque, m'expédie pour Guam et je vais chercher du dehors des passes de Port-Philippe.

Le premier gros clipper qui passe, je le soulage des cent ou cent cinquante mille onces d'or qu'il a à bord et je vogue après vers des rives enchantées.

Puis, s'adressant à Mobile :

— Dis donc, Parisien, veux-tu être de mon bord?

— Ça me va, répond ce dernier; mais à condition que, le coup fait, nous allons en Turquie, nous nous établissons pachas, *nous achèterons des zouris*, des esclaves, des *obélisques*, et que nous nous roulerons dans des torrents de volupté. Je veux fumer une bouffarde de quinze pieds de long et ne me nourrir que de *pastilles du sérail*, enfin une vie de pacha Monte-Christo.

— On y est, dit Cartahu ; passez-moi l'eau-de-vie.

— Moi, je retournerai à Paris, dit Paul, j'ai des comptes à régler.

— Moi, murmura Meurice, je n'irai nulle part ; je vais mourir là, j'étouffe.

L'ivresse était arrivée à son comble ; les chants, les cris, les gestes, les hurlements de Cartahu, de Mobile et de le Faucheux continuèrent jusqu'à ce qu'épuisés, ils tombassent à terre.

L'écho répétait encore les éclats de rire des mineurs, quand tout à coup une voix aigre et nasillarde se fit entendre, et un homme de cinquante à cinquante-cinq ans, grand, maigre et efflanqué, s'avança et se plaça près du feu.

— *Per Bacco !* on s'amouse ici, *buena sera, signori*, ne vi dérangez pas.

Une espèce de grognement fut la seule réponse qu'il obtint.

L'arrivant promena autour de lui un regard inquisiteur.

— Hum ! dit-il, on fait bombance, on a de l'or.

Les traits de cet homme étaient taillés à angles

aigus et ses petits yeux enfoncés sous une voûte d'épais sourcils brillaient d'un éclat sinistre.

Sa maigreur était affreuse, et sous ses sordides habits, flottant autour de ses membres, on aurait dit un fil de fer.

Il se frottait les mains devant le foyer en faisant craquer ses doigts.

Il avait pour tout bagage une couverture de laine, roulée en porte-manteau sur ses épaules, et à la main un sac de serge verte dans lequel on découvrait un violon.

— Tiens, vieux secco, dit Mobile en lui tendant la bouteille, bois-moi ça sans répandre.

— L'inconnu prit la bouteille à moitié pleine et la vida d'un trait.

— Quel avaloir! dit Cartahu, v'là mon maître.

— Dis donc, l'Italien, demanda le Faucheux, qu'est-ce que t'as dans ce vieux sac?

— *Caro mio*, un *violino*.

— Eh bien, vieux, joue-nous quelque chose, que nous riions un peu. Ohé! place au bal, nous allons faire sauter un peu notre or.

Ces trois hommes cherchaient à trouver sur leurs jambes vacillantes un équilibre; impossible.

L'inconnu tira son violon du sac sans se faire prier, un violon noir comme de l'ébène, fendu et décollé dans plusieurs endroits; les cordes étaient rapiécées et remplies de nœuds.

— Oh! ce sabot! Dis donc, vieux parchemin, s'écria Cartahu, il a eu des malheurs, ton crincrin?

— Eh! non, vois-tu pas qui s'embête dans sa compagnie, il bâille de tous côtés, répondit le Faucheux.

— *Patienza*! dit l'inconnu en passant de la colophane sur les rares soies de son archet. *Patienza, figli miei*, l'instrument est vieux, mais il est délicioso, vi verrez, *patienza*! et il préluda pour l'accorder.

— Ah! cette crécelle, dit le Faucheux. Dis donc, Paganini, ta bête est enrhumée.

Sans répondre à toutes ces interpellations, l'inconnu commença une espèce de ronde, il était de première force.

Le motif fut d'abord joué dans toute sa simplicité, ensuite le virtuose se mit à broder sur son thème les variations les plus compliquées.

L'œil pouvait à peine suivre le mouvement rapide de son archet; sous ses doigts de fer, l'instrument riait, pleurait, grinçait, sifflait; tantôt ce son était plaintif comme le murmure du vent à travers les feuilles, tantôt criard comme le vagissement d'un enfant, quelquefois sec et aigre comme le grincement d'une vieille girouette, souvent rauque et agaçant comme le diamant coupant le verre.

Cartahu, Mobile et Faucheux, surexcités par l'eau-de-vie et par la danse, se livraient aux contorsions les plus excentriques; le bacchanal continuait, l'infatigable violon faisait merveille, le son devenait de plus en plus rapide, des gerbes de notes jaillissaient de son archet.

La persistante ronde s'élançait claire et précise au milieu de toutes ces modulations.

Meurice se leva sur son séant et retomba lourdement en poussant un long soupir et prononçant le nom de Constance.

Paul était raide comme un épileptique, les veines du cou et du front gonflées, les dents serrées et le regard fixe.

Les autres diggers poussaient des cris, hurlaient des chansons obscènes, et le violon forcené redoublait toujours de vitesse.

Tout à coup les cris cessèrent, les jambes plièrent et nos trois compagnons tombèrent comme des masses sans mouvement.

L'inconnu remit tranquillement son violon dans son sac de serge verte, regarda autour de lui, avala une gorgée d'eau-de-vie et resta immobile à contempler les dormeurs.

Nous partîmes, croyant qu'il n'y avait plus rien à voir, mais à peine fûmes-nous éloignés de quelques pas qu'il poussa des branches de sapin pour ranimer le feu.

Cartahu, Mobile et le Faucheux, complétement ivres, étaient tombés entrelacés, se tenant comme en dansant, les bras autour du cou les uns des autres.

Nous entendîmes le musicien dire :

Patienza, figli miei, et il se releva après les avoir examinés.

Le lendemain, au moment où nous allions nous mettre en route, on nous apprit que des mineurs avaient été brûlés par imprudence.

Ils s'étaient endormis auprès d'un feu qui avait gagné une barrique contenant de l'eau-de-vie.

En se répandant, la liqueur enflammée les avait enveloppés avant qu'ils fussent éveillés.

Je ne sais pourquoi le souvenir des mineurs que j'avais vus la veille revint frapper ma pensée.

La barrique était trop éloignée du feu pour qu'il l'eût atteinte sans qu'on y touchât.

Je voulus voir par moi-même, et j'acquis la conviction qu'on avait commis un crime.

L'Italien avait disparu, l'or des mineurs avait été volé, et les cercles en fer restés à côté des cadavres calcinés démontraient clairement que ce tonneau avait été placé au milieu d'eux.

J'ai vu la figure de cet homme. Qui sait? peut-être le retrouverai-je un jour.

LV

JOURNAL D'UN MINEUR

(Suite.)

Nous continuons notre route à travers les bois, mais les difficultés croissent à chaque pas.

Nous voici dans des chemins dont rien ne peut donner une idée.

Nous avons bien aperçu sur notre route trois ou quatre maisons ou huttes en écorce; mais, dans l'espérance de trouver au moins une auberge passable, nous avons continué en pressant le pas de nos chevaux.

Enfin, à la nuit close, nous sommes arrivés devant une rivière assez rapide. Nous avons cru nous être trompés de chemin, et nous avons été sur le point de camper en plein air sur le bord de cette rivière.

M. Malfil... est entré dans l'eau jusqu'aux genoux pour sonder le fond; moi, j'ai cru voir de l'autre côté la route se continuer le long du ravin.

J'ai donc pris mon courage à deux mains, mis les éperons dans le ventre de mon cheval, et suis entré à tout hasard dans la rivière qui n'avait guère effectivement que trois ou quatre pieds de profondeur, et nous avons trouvé la route de l'autre côté.

Tout cela ne nous rassurait que fort peu et ne nous prouvait pas que nous fussions sur la route de Bathurst.

Enfin à neuf heures nous avons aperçu une lumière et sommes arrivés à une auberge.

On ne voulait pas nous y recevoir, tout était occupé; après bien des pourparlers on a daigné nous accorder des places pour nos chevaux et des lits pour nous avec un mauvais souper.

Les lits, je n'en parlerai pas, ils étaient plus que sales.

J'ai étendu mon paletot dessus, mis mon porte-manteau sous ma tête et ai dormi tout habillé.

Nous avions fait quarante milles dans notre journée, nos chevaux étaient éreintés, et, qui plus est, mon cheval se dépouillait sur les reins de plus en plus.

Quels magnifiques types pour Jacques Callot que ces types traversant les *bouches* (forêts) deux ou trois ensemble, ou bien des familles entières campant et passant la nuit en pleine forêt sous une tente ou dans leurs charrettes, les uns dormant, les autres veillant devant un grand feu.

Du reste, il y a de grands espaces de forêt brulée et dévastée.

Quand on veut faire du feu, on allume un arbre, puis on s'en va sans s'inquiéter du reste; l'arbre qui contient de la résine brûle et finit par tomber.

Le feu se communique, l'incendie se propage et s'étend quelquefois à plusieurs milles.

Dans ces immenses clairières, il ne reste que les plus gros arbres que le feu n'a pu dévorer et qui de loin ressemblent à des cadavres calcinés.

Je voudrais voir la figure d'un intrépide gendarme français au milieu des *bouches*; il voudrait, trompé par leur mine, arrêter tous les passants.

Je crois que nos moustaches nous font prendre pour des officiers de la police, car on nous regarde plutôt avec des yeux inquiets que provoquants.

C'est dommage, je comptais sur une petite attaque, j'avais toujours mes pistolets sous la main.

Après avoir passé une nuit aussi mauvaise que possible, nous ne sommes partis qu'à dix heures du matin.

La diligence de Sidney à Bathurst était passée à neuf heures.

Il y a tant de boue sur les routes, qu'avec une voiture légère et quatre chevaux, on a de la peine à faire deux milles à l'heure ; les voitures enfoncent jusqu'à la caisse ; aussi sur les bords des chemins, depuis notre entrée dans les *bouches*, voyons-nous à chaque instant des carcasses de bœufs ou de chevaux qu'on a été obligé d'abattre ou de laisser morts sur la route.

Mon pauvre cheval est dans un état affreux; depuis deux jours je fais la moitié du chemin à pied pour le soulager.

Pauvre bête ! c'est mon seul ami, et je me prive de manger pour lui.

La pluie et le mauvais temps continuent.

Il y a impossibilité de partir de Bathurst.

Nous sommes arrêtés par un torrent qu'on nomme le Macquarie et qui est devenu infranchissable, même à la nage ; on nous prédit que nous ne pourrons pas le traverser avant huit jours au moins.

Quelle nuit atroce je viens de passer ! nuit remplie de souvenirs tristes et de rêves affreux.

Décidément la perspective de passer huit jours ici n'est pas acceptable, et puis je ne pourrais subvenir aux frais.

A midi et demi je prends mon parti ; je traverse le Macquarie dans un petit bateau.

J'attache mon cheval à une longue corde et le tire de l'autre côté.

Il nage difficilement, tant le torrent est fort ; après bien des peines il a traversé.

Nous rencontrons encore l'escorte qui a manqué de tout perdre : chevaux, voitures et hommes, et que l'on n'a retirée d'un crick qu'avec des efforts inimaginables.

On appelle *cricks* des ravins qui deviennent des torrents à chaque orage.

Une fois le Macquarie passé, nous avons regagné le chemin de Sofala à travers les *bouches*.

Sofala est le centre d'exploitation de la rivière le Turon.

C'est un amas de toiles et de baraques en planches.

Il peut y avoir sur ce point seul quinze cents à deux mille mineurs et marchands de toute espèce.

C'est absolument comme un champ de foire.

Le Turon est un torrent fort large et qui fait des détours énormes et continuels.

Chaque pointe est occupée par des diggers qui y ont leur *claims*.

Ces pointes sont plus ou moins rapprochées des autres, mais généralement à un mille au plus.

On voit donc à chacune de ces pointes des amas de tentes comme à Sofala.

Les trous se trouvent depuis le haut de la côte jusque sur le bord de la rivière.

L'opinion générale est que le lit du Turon est très-riche ; il y a des gens qui depuis six mois sont sur ses bords à attendre qu'il soit à sec ou à peu près pour y travailler.

Il est donc très-difficile de trouver des places, ou bien il faut les acheter et même très-cher.

C'est, du reste, fort curieux que de voir tous ces gens lavant leur terre sur le bord du Turon, terre qu'ils vont chercher à de grandes distances, soit dans des brouettes, soit dans des seaux.

Les puits ont jusqu'à cinquante pieds de profondeur.

C'est un métier très-fatigant. Le cœur me

manque quand je vois maintenant de près ce que c'est que cette vie et ce travail.

Pourtant il faut me décider; depuis ce matin je ne fais que marcher soit en remontant soit en descendant le Turon, pour regarder, étudier et tâcher de trouver une place.

Je ne puis rester plus longtemps sans rien faire; toutes mes ressources s'épuisent et mon cheval me coûte 12 francs par jour pour le nourrir et le loger.

Bien heureux si on ne me le vole pas, ce qui arrive à chaque instant; du reste, il me tarde d'être sous ma tente à travailler.

On ne peut se faire une idée du bouge dans lequel nous couchons sur des planches, avec une mauvaise couverture de laine dégoûtante, sans draps.

Ah! Céleste! Céleste! où m'as-tu conduit?

Allons, allons, pas de découragement.

Je me dis, pour me consoler, que tout le luxe dont tu es entourée est le prix de la misère et de la fange dans lesquels je me trouve.

Cette population des mines est ce qu'on peut se figurer de plus étrange.

On y voit le rebut des villes, des gens immondes, échappés des galères, à côté d'hommes bien élevés, qui ont vécu dans l'élégance et dans le luxe, et qui, comme moi, ont tout dissipé.

On reconnaît le gentleman, même sous sa chemise de laine rouge et son mauvais chapeau de paille.

Généralement, tous tâchent d'oublier le passé dans l'ivresse. C'est un spectacle ignoble.

Du reste, tout est chance dans ce métier, et je n'en ai plus depuis longtemps.

Mon compagnon commence à se plaindre et à trouver cela par trop dur; je crois qu'il m'abandonnera bientôt.

Je n'avais rien trouvé.

Je revenais triste et découragé, quand j'ai rencontré un jeune homme d'une jolie figure.

Il m'a semblé que cette figure ne m'était pas inconnue.

Son costume, comme tous ceux de ce pays-ci, est une chemise de laine rouge et un chapeau de paille, seulement le tout a un air de misère et de souffrance.

Il m'aborde en très-bon français et finit par me dire qu'il a, sur les bords du Turon, trois claims qui lui appartiennent et qu'il désire vendre.

Il veut 25 livres sterling de chacun.

Malgré ma fatigue et une chaleur étouffante, je suis retourné avec lui pour les visiter.

Tous ces droits de propriété sur les claims sont fort arbitraires.

Légalement je pourrais m'établir dans toutes les places abandonnées depuis vingt-quatre heures, en payant une licence, 30 schellings par mois.

Il s'est établi une sorte de commerce toléré; le premier venu marque un terrain en y plantant des pieux.

Pour détruire cet abus, il faudrait reprendre ces places de force et faire le coup de poing et le coup de fusil.

Il y a des gens qui ont sur les bords du Turon dix, quinze et vingt claims, qu'ils font travailler, qu'ils conservent sans payer de licence, et qu'ils vendent à ceux qui en ont envie; c'est un commerce avantageux.

Les trois claims qu'on me propose me plairaient assez, mais je ne puis en donner le prix qu'on m'en demande.

Je sais maintenant quel est ce jeune homme qui veut les vendre.

Il se nomme M. Black.

C'est un ancien capitaine dans l'armée de la reine, qui a perdu toute sa fortune au jeu et est venu s'encanailler ici.

Il est toujours ivre et perd tout l'or qu'il gagne ou qu'il trouve.

Je me décide à traiter avec lui pour les trois claims moyennant vingt-cinq livres payables par cinq livres de mois en mois.

Nous avons acheté de suite le mobilier et l'attirail nécessaire pour notre métier de mineurs.

C'est effroyable ce que cela nous a coûté! à l'exception de la viande, tout ici est hors de prix.

Le pain vaut un schelling la livre; le beurre et le thé coûtent horriblement cher; le tabac, huit schellings la livre; sur tout, il faut compter cinquante pour cent de plus qu'à Sydney, et à Sydney cent pour cent de plus qu'à Londres; une grosse paire de souliers à clous vaut une livre à Sofala.

En nous promenant à Sofala pour faire nos acquisitions, nous avons rencontré deux femmes, deux natives de l'intérieur.

Elles sont difformes et hideuses de figure, faites comme des singes, sous le rapport des jambes surtout.

Une d'elles, à qui j'ai adressé la parole, m'a paru fort intelligente.

Elles n'ont pour tout vêtement qu'une couverture de laine dans laquelle elles se drapent.

La manière dont elles portent leurs enfants à la mamelle est très-curieuse.

L'enfant est roulé comme un serpent autour de leurs reins, la tête sous le bras de sa mère.

Du reste, absolument comme les singes portent leurs petits.

Les naturels, dans les provinces connues de l'Australie, sont généralement doux, mais très-paresseux et ne faisant absolument rien.

Ils se nourrissent de tout ce qu'ils trouvent, mangent du chien, des racines et jusqu'à de gros vers blancs qui se trouvent dans l'écorce des arbres.

Ils sont fort insouciants de l'or.

Le fameux morceau de cent six livres a été trouvé près de Bathurst par un naturel qui alla le montrer à son maître, dont il reçut en présent un magnifique troupeau.

Le maître a gagné plus de cent mille francs, et le naturel a mangé et vendu depuis longtemps ses moutons ; aujourd'hui il n'est pas plus riche qu'avant, et va de diggers en diggers, en se promenant, pour tâcher d'attraper un morceau de tabac ou de viande.

Ils sont intelligents, et l'on peut leur donner des commissions à faire à des cinq ou six cents milles à travers les forêt ; on est sûr qu'ils arriveront toujours.

J'espère que demain nous pourrons coucher sous notre tente en pleine forêt.

Elle n'est guère bonne, notre tente ; elle est en calicot, et c'est un triste abri, par le temps atroce qu'il continue à faire.

Notre coucher se compose d'un lit de sangle sans matelas et d'une couverture.

Je n'ai pu fermer l'œil de la nuit, je n'ai fait que grelotter.

Au jour, j'ai abattu un gros arbre, car dans les bois chacun abat ses arbres ; c'est le premier de ma vie que j'abats et c'est éreintant.

Le capitaine Black nous a volés d'une manière indigne.

Il nous a vendu ce que nous avions le droit de prendre pour rien.

Mon cheval, que j'avais attaché près de ma tente, vient de casser sa corde à neuf heures du soir et s'est sauvé dans la forêt.

Pourvu qu'on ne me le vole pas.

Un mineur veut-il changer de place et aller à vingt ou trente milles plus loin, il prend le premier cheval qu'il rencontre et le lâche dans la forêt quand il est arrivé.

Il faut être bien désespéré pour entreprendre la vie que je mène.

Ah! Céleste, où m'as-tu conduit? et pourtant je n'ai toujours qu'une pensée, c'est toi!

Je ne supporte cette vie qu'avec l'espoir de te revoir un jour et de conquérir par mon travail de quoi me mettre à même de te faire encore sourire pour un caprice satisfait, pour une joie d'une minute.

Profite de ce temps qui passe si vite.

Si pour quelques joies bien courtes, tu as sacrifié toute ma vie, cette vie aura été employée à acheter pour plus tard les jouissances et le bien-être que je serai si heureux de te donner.

Bonsoir.

J'embrasse ton portrait.

Je viens de terminer ma première journée de travail et je n'en puis plus.

Je vais me coucher et tâcher de dormir; c'est difficile avec le froid qu'il fait pendant les nuits.

Depuis que nous sommes ainsi en plein air, je n'ai que du pain et du thé à manger.

J'ai lavé aujourd'hui une vingtaine de seaux de terre et n'ai pas ramassé pour vingt sous d'or.

L'or n'est pas où nous le cherchons, il est dans

le lit du Turon; mais il sera impossible d'y travailler avant un mois à cause des eaux.

Je vais faire un puits dans la montagne et le continuer jusqu'au roc.

Pourvu que les forces ne me manquent pas, les reins me font déjà bien mal.

Je le répète, c'est payer bien cher une chance fort incertaine que d'entreprendre ce métier dont on n'a aucune espèce d'idée avant de le voir.

Il n'y a que les mineurs habitués depuis l'enfance qui peuvent le supporter.

J'ai retrouvé mon cheval ce matin à deux milles dans la forêt; j'ai pris le parti de le lâcher à la grâce de Dieu.

Quand j'aurai le temps, j'irai voir de quel côté il est et le ramènerai à la tente.

Nous commençons à être dévorés par les mouches.

Dans ce pays-ci, c'est un vrai fléau.

On est obligé d'avoir des voiles ou des lunettes pour travailler, sans cela elles s'attachent aux paupières et pourraient à la longue déterminer la perte de la vue même.

Je ne sais si je pourrai continuer longtemps ce travail; j'ai les bras rompus. Nous n'avons pour ainsi dire rien fait aujourd'hui.

J'ai porté toute la journée des seaux de terre à la rivière et les ai lavés ; il n'y avait presque pas d'or.

M. Malfil... ne fait rien et me laisse tout le dur du travail ; j'espère qu'il va se dégoûter de cette vie, car si avec de la patience j'arrive à faire quelque chose, je serai la dupe de mon association.

Nous sommes à nos derniers vingt schellings et pas de lettre de France.

En cela, comme en toutes choses, il faut avoir un peu d'argent afin de pouvoir attendre une veine.

M. Malfil... veut partir ; je ne crois pas pouvoir y tenir longtemps.

Il faut percer des trous de vingt-cinq à trente pieds au moins. Je ne le puis tout seul.

Oh ! Céleste ! Céleste !

Je suis tellement courbaturé que je ne puis fermer les yeux.

Les nuits sont pourtant moins froides.

J'ai essayé un trou dans un crick ; je suis arrivé au rocher sans rien trouver.

Depuis deux jours je n'ai plus de souliers et suis obligé de travailler pieds nus.

Céleste, toujours Céleste !

Ce nom et ce souvenir ne me quittent pas.

A-t-elle eu une seule pensée pour moi depuis mon départ?

Que puis-je attendre d'elle?

A-t-elle eu un seul mouvement pour moi depuis cinq ans?

Je n'étais que sa dupe et sa victime, et aujourd'hui plus que jamais je continue à être sa victime.

Je te pardonne quand même.

Personne ne travaille aujourd'hui; je vais donc passer ma journée à écrire et à laver mes deux chemises.

La fatigue commence à me rendre malade.

Je sens que les forces vont me manquer.

La solitude et l'isolement m'effrayent.

Je suis bien loin et bien abandonné.

Le découragement arrive chaque jour et pourtant je n'ai pas une parole ou une pensée de haine pour toi, Céleste, qui m'a amené de gaieté de cœur où j'en suis aujourd'hui.

Pas une lettre de France! tout le monde m'abandonne.

Nous sommes sans argent, je ne puis travailler à cause de l'eau.

M. Malfil... veut partir à toute force.

Je vends mon cheval à Sofala dix livres sterling et lui en donne sept pour qu'il parte demain.

M. Malfil part à neuf heures du matin par le mail.

Dès qu'il est parti, je vends ma selle et ma bride quatre livres quinze schellings, et je rentre à ma tente tout seul cette fois, sans même avoir un Français à qui causer.

J'arrange tous mes outils et affaires et vais laver dans le milieu de la rivière quelques seaux de terre pris dans le lit même.

Cela rend quelques grains d'or, mais très-peu.

Je me couche très-fatigué, espérant dormir; mais l'orage arrive avec un torrent de pluie qui perce la tente de tous côtés.

Vilaine nuit pour la première que je passe tout seul.

Après une nuit épouvantable, trempé et mouillé jusqu'aux os, je me lève dans la plus sombre disposition d'esprit.

La matinée toujours mauvaise, impossible de travailler.

A midi, le temps s'élève un peu; je m'établis sur un seau et j'écris une longue lettre à Céleste, avec le résumé de ce journal.

Je lui envoie le peu d'or que j'ai ramassé ainsi qu'une bruyère cueillie pour elle dans la forêt pendant le voyage de Sidney à Bathurst.

Son souvenir et sa figure ne me quittent même pas pendant mon sommeil.

Mon Dieu, ayez pitié de moi ! donnez-moi l'oubli ou le courage du suicide. Mais non ! je suis lâche parce que j'espère la revoir.

Ah ! Céleste, que Dieu vous pardonne, mais je vous plains.

ROBERT.

Après la lecture du récit de ses souffrances, je m'enfermai chez moi, ne voulant voir personne.

Ma douleur était si grande, mes larmes si amères, qu'on ne les aurait pas comprises.

Pauvre Robert, lui, habitué à la fortune ; lui, d'un caractère à qui tout devait céder ; impétueux, fier, il était réduit à cette position voisine de la mendicité.

Je le trouvais grand dans sa misère et je l'admirais en rougissant de moi-même.

Une idée traversa ma pensée comme un éclair traverse le ciel ; c'est qu'à mon tour, je pourrais lui rendre un peu du bien qu'il avait voulu me faire lorsqu'il était riche.

Cette grande infortune me faisait tout oublier.

Je me maudissais, j'aurais voulu lui ouvrir mon cœur, je me sentais redevenir bonne en pensant à lui ; j'étais fière de son amour.

J'oubliais tout le mal pour ne me souvenir que du bien qu'il m'avait fait, et après l'avoir exilé de mon cœur et ne lui avoir écrit que pour le consoler, je lui rendis la place qu'il avait perdue.

LVI

LES PRESSENTIMENTS.

« Mon pauvre Robert, je reçois de toi une lettre si triste, je me sens en ce moment si désespérée, si coupable, qu'il me paraît impossible de trouver des paroles pour t'exprimer mes regrets, ma souffrance, mon repentir.

» Mes larmes sont bien amères, mais que peuvent des larmes, que peuvent des sanglots pour celui qui est la cause de ses propres douleurs?

» Tu me dis ne pas avoir reçu de lettres de moi,

on les aura prises, interceptées comme étant indignes de toi.

» C'est la sixième lettre bien longue que je t'écris; l'idée que tu me crois oublieuse me désespère, un souvenir t'aurait fait tant de bien!

» L'épreuve est au-dessus de mes forces, vois-tu, et je deviendrai folle si tout m'accable ainsi sans relâche.

» Tu m'accuses sans cesse d'ingratitude, moi qui ne vis que pour toi et par ton souvenir! moi qui n'ai pas une pensée qui ne me ramène à toi!

» Ah! si tu me crois aussi indigne, tu dois être bien malheureux.

» Mais non, ton cœur doit démentir ces parole dictées par une imagination ardente et souvent injuste.

» Puisque tu m'as aimée et dis m'aimer encore, je veux espérer, j'ai besoin de cela pour ranimer mon courage abattu par la maladie, le dégoût, les fatigues et l'ennui.

» Quand je reçois de tes nouvelles, je pleure toujours, mais ces larmes sont douces, car ton souvenir les console.

» Si loin que tu sois, mon âme est à toi; ma pensée, mon amour t'enveloppent.

» Tu dis que j'ai fait ton malheur.

» Eh bien ! je l'aurai fait sans faire mon bonheur.

» J'ai bien souffert, va, mais je ne suis pas à la hauteur et je ne veux plus chercher de repos ni de consolations ; je vivrai dans mes larmes pour me punir de t'avoir méconnu, et je finirai par la retraite ou le suicide.

» Garde-toi, Robert, soigne-toi, car s'il t'arrivait malheur, je mourrais ; du reste, ma vie est finie, elle me quittera comme tout ce qui m'a entourée.

» Je sens que mon âme sera errante jusqu'à ce qu'elle ait retrouvé la tienne.

» Ta famille t'abandonne, dis-tu, je ne puis le croire ; mais si cela est, tant mieux, je te défendrai sans elle, et tu seras bien à moi.

» Je te l'ai dit, je crois en toi et j'espère en Dieu ; lui seul a pu te donner la force de supporter cette misère.

» Je vais le prier avec ferveur pour qu'il te conserve.

» Je t'envoie une bruyère de France.

» Je *t'aime* avec le plus pur de mon cœur, garde-toi pour moi encore une larme, un baiser.

» Du courage... espère.

» CÉLESTE. »

Je me laissai aller au chagrin ; ma conscience ne trouvait plus d'excuses.

Deux choses arrivaient à mon cœur : le souvenir de Robert et celui de ma petite fille, sa tendresse, ses jeux, son bavardage, me faisaient oublier ; et je me surprenais jouant avec elle comme si j'avais son âge.

Ma position ne me permettait pas de rester seule avec mes peines ; dans cette vie dont j'espérais la fin, les larmes et les bonnes pensées n'ont pas cours ; on n'achète que baisers ou éclats de rire.

On me donna une pièce à jouer, intitulée : *la Fille de madame Grégoire.*

Cela m'occupa ; les nuits étaient si longues pour moi que je les passais à travailler.

Mon ignorance me pesait plus que jamais, mais mes efforts étaient inutiles.

Les études ne pouvaient s'accorder avec ma vie agitée.

Trois mois s'étaient écoulés depuis que j'avais reçu la lettre de Robert. Mon inquiétude devenait une fièvre ardente.

Je faisais mille conjectures ; — peut-être m'avait-il oubliée !

Si ce genre de vie l'avait tué !

Cette pensée s'enfonçait dans mon cœur comme une pointe d'acier.

— Mon Dieu! me disais-je, c'est impossible! ce serait trop affreux!... Oh! je suis insensée!.. Une lettre peut se perdre,—ce n'est qu'un retard.

Les pensées, les souvenirs, si pénibles qu'ils soient, aident toujours un peu à la vie réelle.

Chaque jour je faisais de nouvelles connaissances.

Un soir, au foyer des artistes, aux Variétés, je vis un petit monsieur dans un si drôle de paletot-sac, que je ne pus m'empêcher de rire, ce qui était fort inconvenant, car je voyais ce monsieur pour la première fois.

Il était très-petit, assez gros d'embonpoint, et ses jambes me parurent trop petites pour supporter son buste.

Sa tête était forte, son front large, sa physionomie intelligente, son œil vif et spirituel.

Il causait et riait avec toutes les personnes qui l'entouraient et semblait connaître et être connu de tout le monde.

C'était à moi à entrer en scène; je sortis du foyer.

Quand je revins il contait une histoire.

On l'entourait, je fis comme les autres, et je

n'en fus pas fâchée, car c'était un conteur très-amusant.

Je demandai à une de mes camarades comment on l'appelait ; elle me regarda d'un air étonné, et me dit :

— Comment, vous ne le connaissez pas? c'est Couture, le peintre, celui qui a fait l'*Orgie romaine*.

— Je connais le tableau, je connais le nom de l'auteur, mais il me semble ne l'avoir jamais vu en personne.

— C'est un homme de beaucoup de talent, mais d'un caractère très-original. Tenez, il raconte une autre histoire, écoutez.

Je m'approchai plus près pour entendre.

— Figurez-vous, disait-il, qu'il y a quelque temps, j'étais sur la porte cochère de mon atelier, en train de fumer ma cigarette, dans une tenue assez débraillée, quand une voiture s'arrête à vingt pas. Une très-jolie dame en descend avec des paquets, des cartons, et regardant de mon côté.

— Hé! l'ami !

Comme je ne bougeais pas, elle recommença son hé, et me fit signe de la main d'avancer.

Si elle eût été laide, je ne me serais pas dérangé; mais elle était très-bien, et je lui demandai ce que je pouvais faire pour lui être agréable.

— Tenez, me dit-elle, en me montrant ses paquets, montez tout cela chez moi au cinquième, à gauche.

Je la regardai, un peu étonné; mais je pris les colis, et je la suivis.

Arrivé en haut, je n'en pouvais plus; elle me fit mettre les paquets chez elle, fouilla dans sa bourse et me donna dix sous.

Je les pris et sortis tenant mon sérieux, bien que j'eusse une envie de rire qui m'étouffait.

Elle m'avait pris pour un commissionnaire.

Ça ne me fâcha point du tout, parce que j'en avais bien l'air.

Le lendemain, je lui envoyai ma carte et ses cinquante centimes, en lui disant que j'avais été trop heureux de lui être utile, et que si elle aimait la peinture, elle pouvait s'acquitter envers moi en venant visiter mon atelier.

Elle adorait les arts, et l'artiste en profita.

Puis, se retournant de mon côté, et m'adressant la parole pour la première fois, il me dit :

— Si vous avez des courses à faire, je suis à votre disposition.

Je me mis à rire et lui répondis :

— Au même prix, n'est-ce pas?

— Oh! comme vous voudrez, je n'ai pas de tarif, moi. Je suis bon garçon, je prends ce qu'on me donne.

— Eh bien! je vous offre une tasse de thé, demain, chez moi, avec quelques amis.

— Il me promit de venir, et me tint parole.

Il est d'une gaieté qui ne tarit jamais.

On le dit très-avare de sa peinture ; je trouve qu'il a raison, elle est assez belle pour ça.

Il est très-amusant; quand quelqu'un de laid veut lui faire faire son portrait, il répond :

— Revenez dans un an, je suis trop pressé.

La figure est un livre où il prétend lire, sans jamais se tromper, le caractère des gens.

Il sacrifie les traits à la pensée ; ce qu'il refuse aux uns pour de l'argent, il le donne aux autres, pourvu que la physionomie lui convienne.

La mienne lui plut sans doute, car il me proposa de faire un dessin d'après moi, semblable à celui qu'il avait fait de Mme Georges Sand et de Béranger.

Vous pensez bien que j'acceptai avec reconnaissance.

Ce dessin est probablement la seule chose qui restera de moi, parce qu'il est signé du nom d'un grand artiste!

Il mit à peine trois heures à le faire.

Peu de jours après, je gagnai un procès qui, sans être d'une grande importance, devait avoir de l'influence sur le gain des autres.

Pour que personne n'ignorât ce triomphe sur mes adversaires, je donnai une soirée, et puis je n'étais pas fâchée de montrer le dessin fait par l'auteur des *Enrôlés volontaires*.

Mon portrait eut un grand succès, et son auteur reçut force compliments.

Parmi les souvenirs que j'ai gardés des quelques personnes réunies chez moi ce soir-là, vient naturellement se placer en première ligne Alexandre Dumas fils.

Ce n'était point encore le Molière de notre époque, mais il était le fils de son père, et son nom faisait retourner toutes les têtes.

Il était d'un caractère froid, son esprit était sceptique, profond, quelquefois méchant ; mais s'il vous disait une chose gracieuse, s'il vous adressait un compliment, on pouvait y croire, car il n'était pas banal et ne jettait pas ses éloges aux vents.

Il avait assisté à la première représentation de la Revue de 1852, et avait dit à plusieurs personnes en parlant de moi :

— Elle a chanté, joué, dit à merveille; si elle veut travailler, elle aura un véritable talent. Peut-être lui ferai-je un rôle.

A cette époque critique de ma vie, cet encouragement était pour moi d'une grande importance.

Je savais qu'il s'adressait de l'auteur à l'artiste, ma qualité de femme n'y entrait pour rien.

Si M. Dumas rendait justice à ma manière d'être, il avait, en mainte occasion, montré de l'éloignement pour ma personne; mon nom de guerre lui avait déplu lorsque j'étais à l'Hippodrome.

C'était donc un admirateur dont je pouvais m'enorgueillir à juste titre; et puis, je l'ai déjà dit, j'étais fatiguée de toutes ces conquêtes faciles et ennuyeuses qui se groupaient chaque jour autour de moi.

Le talent, l'esprit me paraissaient, pour un homme, la plus enviable de toutes les richesses.

J'aurais voulu vivre au milieu de tous ces esprits supérieurs, mais je n'avais aucun droit à cette insigne faveur; c'est à vol d'oiseau que j'avais eu l'occasion d'apprécier Dumas père, Méry, Augier, Murger, Théophile Gautier, Camille Doucet, M. de Girardin et Nestor Roqueplan.

Il en est des grands hommes comme des femmes vraiment honnêtes; ils sont accessibles aux petits parce qu'ils sont simples de manière, bons et indulgents.

Un nom devrait figurer en tête de tous ces noms; je ne veux pas le nommer, mais il est inscrit dans mon cœur et ne s'effacera jamais.

Homme au-dessus des autres par la naissance et surtout par le mérite, il a été mon bon génie, mon appui en mainte circonstance, et n'a pas dédaigné de m'aider de ses conseils.

Cœur droit, loyal, indépendant et dégagé de vains préjugés, il m'avait découverte avant que je me connusse moi-même.

On dit que chacun a son étoile au ciel; moi, je puis affirmer que j'avais la mienne sur la terre.

Robert ne m'avait pas écrit depuis quatre mois! il devait lui être arrivé quelque malheur.

Bien que je fusse rentrée dans cette vie agitée, que je fusse occupée à mon théâtre, que l'aisance et le luxe fussent revenus autour de moi peut-être avec plus d'abondance que jamais, le souvenir de Robert ne me quittait pas.

C'était une vraie torture pour mon cœur.

Ma petite Caroline était ma seule consolation réelle.

C'était un ange de douceur et de bonté; sa mère ne l'aurait jamais aimée plus que moi.

J'étais sortie avec elle pour faire des emplettes rue de la Chaussée-d'Antin.

Je fus séduite par de ravissants petits bonnets que je vis en étalage, et j'entrai pour en acheter un à Caroline.

Je venais de la prendre dans mes bras pour qu'on pût les lui essayer.

En voyant en face la marchande, je poussai un ah!... si étonné, que je faillis laisser tomber l'enfant, ce qui serait arrivé si elle n'avait eu ses petits bras passés autour de mon cou.

Je venais de reconnaître, dans la belle personne qui me faisait voir de la lingerie, ma petite mendiante du dépôt, ma compagne de la correction.

Elle n'était pas changée.

C'était bien sa jolie figure, ses cheveux noirs et brillants.

Je l'examinais avec un plaisir inouï.

J'attendais qu'elle me reconnût; mais elle me regarda à peine; mon examen semblait la gêner.

J'aurais voulu l'embrasser.

Je lui pris la main; je la serrai; elle me regarda d'un air stupéfait.

J'allais lui dire:

— Mais tu ne me reconnais donc pas?

Je m'arrêtai court; une voix intérieure me disait:

— Pourquoi rappeler à cette pauvre fille une rencontre aussi triste pour elle que pour toi?

Elle a peut-être le bonheur de l'avoir oubliée. Tant mieux !

Elle ne peut me reconnaître, j'ai eu la petite vérole depuis que nous ne nous sommes vues.

Elle, elle est toujours aussi jolie.

Comme elle paraît heureuse avec sa robe de mérinos !

Pendant que je faisais ces réflexions, Caroline, montée sans façon sur le comptoir, se promenait au milieu des chiffons empilés; elle jouait avec Louise et voulait à toute force lui essayer un bonnet. Louise lui rendait ses caresses.

J'achetai tout ce qu'elle me fit voir; elle eut bien tort de ne pas me proposer tout le contenu de sa boutique, je l'aurais payé sans marchander.

Une fois sortie, j'eus envie de pleurer.

Pauvre petite Louise ! je me la rappelais m'offrant la moitié de son pain.

Pour la première fois depuis cette affreuse époque de ma vie, je m'en souvenais avec plaisir.

Son souvenir me faisait l'effet d'un parfum qui se sauve de la fange où l'on va l'engloutir.

Je rentrai chez moi, me promettant bien d'y retourner. Une voiture était à ma porte, Victorine m'attendait depuis une heure.

— Enfin! me dit-elle, ce n'est pas malheureux ; je croyais que vous ne reviendriez jamais. On ne vous voit plus.

Vous êtes fière avec vos amies depuis votre succès de la Revue.

Je vous fais mon compliment.

Vous savez, je suis franche, je vous avais trouvée mauvaise, je vous l'avais dit.

Vous avez travaillé, je viens vous dire : C'est mieux.

Qu'est-ce que c'est que ça? fit-elle en montrant ma fille adoptive.

Oh! ma chère, je retire mon compliment.

Comment, vous, une femme d'imagination, vous imitez vos camarades?

Vous avez tort ; si petit qu'on soit, il faut être soi.

— Qu'est-ce que vous voulez dire?

— Comment! vous êtes avec elle au théâtre et vous ne connaissez pas l'histoire du petit? mais on en parle ici, à Madrid, partout où les femmes ont une langue.

Votre camarade ne fait rien pour la gloire, tout pour la réclame : elle lit dans un journal qu'une femme vient de mourir et laisse un petit garçon orphelin.

Elle ne va pas chez le magistrat en personne lui

offrir de servir de mère à l'enfant, elle écrit à un journal qui publie sa lettre; on lui accorde le petit garçon; il faut qu'elle le fasse voir à tout le monde.

Sa mère est morte depuis quinze jours; au lieu de lui acheter un habit de deuil, elle le déguise en Ecossais.

Elle lui apprend une scène de tragédie.

Quand il y a du monde, elle lui dit : Comment a-t-on tué ta mère?

L'enfant fait le simulacre de donner des coups de poignard et dit d'un air sauvage :

— Comme ça, en se frappant la poitrine.

Mais aujourd'hui, la farce est jouée, le petit a fait son effet, on ne le voit plus, il est relégué on sait où.

Pauvre enfant! on aurait mieux fait de le laisser où il était.

— Je ne comprends pas ce que vous me dites ou ce que vous voulez me dire, ma chère Victorine.

Ce que je sais, c'est que votre nature a beaucoup de celle du reptile, toutes vos paroles sentent le venin.

Vos conseils m'ont poussée dans une voie où je ne me serais peut-être pas fourvoyée, si, au lieu de vous connaître, j'avais connu une femme au cœur moins corrompu, à l'âme moins sèche.

Le scepticisme, la philosophie *seyent* mal aux femmes.

Pendant un temps, elles peuvent se servir de ces armes-là avec succès, mais un jour vient où elles se blessent elles-mêmes.

Si j'ai un conseil à vous donner, c'est de croire à quelque chose.

L'isolement de l'âme est le pire de tous les isolements.

La créature a besoin de croire ou d'aimer.

Quand à moi, je ne me consolerai jamais du départ de mon pauvre Robert.

J'ai besoin d'amies qui adoucissent les violences de mon caractère, qui polissent mon esprit, et et vous n'êtes point faite pour cela, au contraire.

— C'est-à-dire que vous ne voulez plus me voir, dit-elle en se levant.

— Le moins possible; vous me rappelez des souvenirs pénibles.

— Vous me regretterez, me dit-elle en s'éloignant; mon caractère, c'est le vôtre. J'ai sur la tête dix années de désillusions que vous n'avez pas encore, patience! cela viendra et vous vous rappellerez d'aujourd'hui.

Elle partit sans que j'y prisse garde.

J'étais préoccupée, inquiète ; ce silence de Robert me paraissait surnaturel.

La présence de cette femme venait de raviver mes souvenirs, je rêvais tout éveillée.

J'avais de si étranges préoccupations que je me croyais un peu folle.

Tantôt je voyais Robert sur un vaisseau démâté en pleine mer ; son regard était tourné vers moi, il était plein d'amour et de pardon.

Tantôt je le voyais à mes côtés, son regard ardent semblait vouloir m'anéantir.

J'avais peur ; toutes ces hallucinations produites par l'agitation et l'inquiétude de mes pensées ne me quittaient pas depuis quelques jours.

On sonna très-fort à ma porte, et je courus ouvrir, croyant que c'était lui.

Un de mes amis venait m'inviter à dîner avec Maria.

— Vous êtes bien aimable d'avoir pensé à moi ; mais je ne sais pas ce que j'ai ; je suis dans une disposition d'esprit extraordinaire.

Si j'étais petite maîtresse, je dirais que j'ai des vapeurs, car il me passe devant les yeux comme un nuage derrière lequel je voudrais regarder.

Non, je ne sortirai pas aujourd'hui.

Venez dîner ici, demain, si vous voulez, j'ai quelques personnes.

Il accepta et je restai seule.

Je me couchai de bonne heure; impossible de dormir.

Je voyais le grand portrait de Robert se balancer, quitter le mur et venir à moi.

Je rallumais ma bougie; il était à sa place.

Je me rendormais, j'entendais sa voix, je me levais, en lui disant: Que me veux-tu?

J'écoutais et je n'entendais rien.

Evidemment, j'avais le cauchemar, mais il était obstiné.

A six heures, mes invités arrivèrent; comme je regardais toujours la porte, on me demanda si j'attendais encore quelqu'un?

— Non, mais je suis stupide depuis hier. Je suis distraite au point de ne pas savoir ce que je fais.

Mes invités étaient gais, je faisais de mon mieux pour être aimable, mais mon rire était nerveux.

Je ne savais pourquoi j'aurais voulu qu'ils fussent à cent lieues de chez moi.

Il était à peu près neuf heures, quand ma domestique entra.

Elle avait l'air bouleversé.

Mon concierge la suivait et avait l'air encore plus effaré qu'elle.

— Madame !... ah ! si vous saviez...

— Quoi donc? lui dis-je brusquement.

— Ah ! madame, c'est... M. le comte ne vous a pas écrit ?

— Eh bien ? dis-je en me levant malgré moi.

— Eh ! bien, madame, il est à Paris.

— Robert ! criai-je en quittant brusquement ma place, qui vous a dit cela?

— Madame, il a parlé au concierge. Comme n lui a dit que vous aviez du monde, il n'a pas voulu monter ; il est dans le passage du Havre.

Ma langue semblait paralysée.

Il me prit un tremblement nerveux qui faisait claquer mes dents.

Je regardais tout le monde sans rien voir, mon cœur battait à se rompre.

Je voulais courir et je ne pouvais faire un pas ; je fus obligée de m'asseoir quelques secondes pendant lesquelles on me crut folle.

J'aurais voulu cacher, anéantir tous ceux qui m'entouraient.

J'aurais voulu que cette maudite table fût engloutie.

Quoi ! il y avait festin chez moi, le champagne pétillait dans les verres, les lumières se reflétaient dans les plats d'argent que Robert m'avait donnés, et lui, il était à ma porte comme un pauvre abandonné. Je trouvais ma situation odieuse.

— Faites-le monter, me dit une de mes amies.

Ces paroles me rappelèrent à la raison.

— Non, non, m'écriai-je en me sauvant, je vous en supplie, partez de suite.

Ma femme de chambre me courait après avec un manteau et un chapeau.

Je vis Robert.

C'était bien lui; mais dans quel état, grand Dieu!

Il avait laissé pousser toute sa barbe; sa figure était maigre et brunie, ses yeux étaient ternes, son front pâle; la souffrance était écrite sur tous ses traits.

Ses vêtements se ressentaient du désordre d'un long voyage; il n'avait pourtant rien perdu de sa distinction.

Lorsqu'il m'aperçut, il vacilla comme un homme qui reçoit une blessure, mais il se remit vite et releva la tête pour me regarder en face.

Je voulais l'embrasser, il m'arrêta d'un regard.

Je n'osais ni avancer ni parler.

Ce fut lui qui rompit ce terrible silence :

— Il n'y a que les morts qui ne reviennent jamais! Vous étiez en fête, n'est-ce pas? je vous ai dérangée.

— Vous ne le croyez pas, Robert, j'avais invité de mes amies à dîner.

— Je n'ai pas le droit de vous demander qui était chez vous.

J'aurais dû attendre à demain, vous écrire.

Mais vous savez combien mon cœur est lâche; j'arrive à l'instant et il m'a amené malgré moi.

Il serait mal à vous de me reprocher ma faiblesse, elles sont toutes dans la nature.

Celui qui ne sait pas dompter la *sienne* lorsqu'elle le torture est plus à plaindre qu'à blâmer.

Je ne crains ni le danger ni la mort.

J'ai de l'énergie, du courage, rien ne m'effraye, excepté l'idée de ne plus vous revoir.

Oh! vous devez me mépriser, vous qui avez une volonté de fer.

Ma faiblesse fait votre force.

Céleste! épargnez-moi.

Voulez-vous venir à mon hôtel? nous avons à causer de vos affaires.

Je le suivis sans oser lui répondre un mot, mais il voyait bien que mon âme était à ses pieds.

Arrivés à son hôtel, il me dit :

— Tenez! voilà ce que je vous ai rapporté.

— Et il découvrit des cages pleines de ravissants petits oiseaux de toutes couleurs.

— Voilà, dit-il, quatre mois que je les soigne afin de vous les offrir. J'avais froid la nuit pour les garantir du vent avec ma couverture.

Je me mis à pleurer, car il ne m'avait pas embrassée.

Il me prit la main et me dit en la serrant doucement : — Mon amour serait indigne s'il était matériel.

Je suis l'amant de ton esprit.

Je vous l'ai déjà dit, Céleste, ce que j'aime en vous, ce n'est pas Mogador ; c'est une autre femme qui se débat dans votre enveloppe.

J'ai voulu lutter, me défendre, je suis brisé.

Il faut avoir pitié des vaincus.

Je lui embrassai les mains, elles portaient les traces de larges cicatrices à peine fermées.

Il reprit en m'enveloppant de son regard profond :

— Si tu savais comme je t'aime, Céleste ! Depuis que je me sais abandonné des miens, je ne lutte plus avec le penchant qui m'entraîne.

— Et moi qui étais si inquiète de ne plus recevoir des lettres de toi, je croyais que tu m'avais oubliée.

— T'oublier ! je ne le puis plus.

Il releva sa manche et me montra mon nom et la date de son départ tatoués en encre bleue sur son bras droit.

— Après t'avoir écrit ma dernière lettre, espèce de journal que tu n'auras pas lu, je restai encore trois mois aux mines.

Le courage ne m'a pas fait défaut un seul instant, mais avec le courage, il faut la santé qui donne la force, et je suis tombé dangereusement malade.

On ne peut travailler seul aux mines; comme les autres, je m'étais associé avec un mineur nommé Faubare.

C'était un Français, un ancien matelot qui, je crois, avait déserté son bord.

Malgré sa rudesse et sa force, il pouvait à peine lutter avec moi, tant je travaillais avec ardeur.

Le pauvre garçon m'avait entendu appeler *monsieur le comte* par ce chevalier d'industrie qui m'avait vendu mon claim, et il me disait :

— Dis donc, Lecomte, passe-moi ma pioche, mon seau. Va couper du bois dans la forêt, fais le thé.

Comme ma plus grande souffrance était de manquer de linge propre, j'allais en laver au bord de la rivière.

Il me demandait si j'avais été blanchisseur à Paris.

Les eaux n'étaient pas encore retirées, les trous étaient submergés, et l'on était souvent obligé de se mettre dans l'eau jusqu'à la ceinture.

Cette eau est une espèce de vase acide qui vous brûle la peau ; vois mes mains, j'ai eu des plaies jusqu'aux coudes, mes jambes ont été littéralement dépouillées ; tout cela n'eût rien été si nous avions trouvé de quoi vivre, mais tous nos efforts étaient vains.

Lorsque Faubare me vit ainsi, il refusa de me laisser continuer.

Je n'avais jamais été à même d'apprécier d'aussi près un cœur d'ouvrier, et je dois dire que celui-là était plein de noblesse et de générosité, car il travaillait pour moi, m'apportant chaque jour, sous ma tente, tout ce que j'avais besoin et me rendant le compte fidèle de ce qu'il gagnait pour l'association.

J'avais beau lui dire qu'elle n'existait plus, puisque je ne pouvais rien faire, que je me regardais comme son débiteur, il ne voulait rien entendre.

Il faisait sa cuisine en chantant et me donnait toujours le meilleur morceau.

J'attendais avec une anxiété cruelle des lettres,

des nouvelles de France; je n'avais rien demandé, mais il me semblait impossible qu'on m'eût ainsi abandonné.

J'écrivis à Sidney, espérant que le consul avait quelque chose pour moi, il m'envoya une lettre de toi.

Je serais mort là sans autre ressource que la charité de ce brave garçon, si le jeune homme que j'avais rencontré à Londres et qui était commis voyageur pour une grande maison de Paris, n'était venu à mon secours.

En voyant l'état où j'étais, il me dit :

— Vous ne pouvez rester ici, il est impossible que vous n'ayez pas quelques ressources en Europe, je vais vous prêter de quoi faire votre voyage, retournez en France, et revenez avec des marchandises.

— Mais, dis-je à Robert, il y a quelques jours on faisait courir le bruit ici qu'un de vos proches parents vous avait envoyé quelque mille francs.

— C'est faux, me dit-il avec un sourire plein d'amertume.

J'ai, en effet, trouvé une lettre à mon adresse en arrivant à Londres, mais on ne m'y donnait qu'un conseil.

Je refusai d'abord de partir, mais on n'eut pas

grand'peine à me convaincre que ce voyage était indispensable à mes intérêts, pour ma vie peut-être.

En partant, je donnai à Faubare tout ce que je possédais ; ma tente, mes outils, mon pistolet et la propriété des claims, que j'avais achetés.

Tout cela était une petite fortune pour lui.

Rien ne peut égaler son étonnement lorsque je lui signai l'acte de donation qui devait le mettre en règle en cas de réclamation.

— Comte de...! disait-il en tournant tout autour de moi. Comment, tu es... mais je croyais que tu t'appelais Lecomte.

Ah! si j'avais su, par exemple! Mais moi, j'ai été élevé dans l'un des domaines de votre grand-père, et je vous ai laissé travailler comme le chien de notre berger.

Tenez, je ne suis qu'une brute, et si vous êtes tombé malade, c'est de ma faute.

Quand j'ai vu vos mains saigner sur l'ouvrage, j'aurais dû m'apercevoir qu'elles n'étaient pas faites pour manier la pioche.

J'ai embrassé Faubare en pleurant, puis je suis retourné à Sidney avec cet autre ami qui était venu me chercher, inspiré par son bon cœur.

Quand le bâtiment eut levé l'ancre, je regrettai d'être parti.

La nuit, quand je regardais et que je voyais des étoiles filer, je croyais voir pleurer le ciel sur ma folie !

J'aurais dû rester, mourir là-bas, mais je pensais à vous ; vous vous disiez poursuivie et j'espérais arriver à temps pour vous être utile.

Personne n'a le droit de reprendre ce que je vous ai donné quand j'étais riche.

Je mis Robert à peu près au courant de tout ce qui s'était passé pendant son absence.

La rougeur lui monta au front quand il sut ce dont on l'avait accusé.

J'eus beaucoup de peine à calmer son agitation, il refusa de venir demeurer chez moi, dans cet appartement qui lui avait en partie appartenu.

Je compris le sentiment qui le faisait agir ; il était trop pauvre pour payer son loyer, et moi, j'avais trop de cœur pour l'éclabousser dans les rues avec les voitures qu'il m'avait données.

Sans le prévenir, j'envoyai tout à l'hôtel des ventes.

Une personne qui avait envie de mon appartement fut agréée par le propriétaire, et me dégagea de mon bail.

Je louai, pour mille francs par an, un appartement au rez-de-chaussée, rue de Navarin.

J'avais un petit jardin pour ma filleule, et ce quartier était assez éloigné du centre élégant pour dépayser Robert de certains voisinages qui auraient pu lui donner des regrets ou le faire souffrir de la vie plus que modeste à laquelle il était condamné désormais.

Je vendis la plus grande partie de ce qui me restait en cachemires et bijoux, afin de vivre auprès de lui sans être à sa charge le temps qu'il resterait en France.

Je payai tout ce que je devais ainsi que quelques dettes qu'il avait faites pour moi, mais pour lesquelles cependant lui seul était engagé.

Robert n'avait pas vu assez clair dans ses affaires d'intérêt pour s'apercevoir de tous ces détails pécuniaires.

D'ailleurs, quoi que je fisse, il ne voulut pas demeurer chez moi.

Il loua une petite chambre dans un hôtel, rue Laffitte, mais il passait toutes ses journées auprès de moi.

Le théâtre lui portait ombrage ; je l'aimais beaucoup à cette époque, je venais d'obtenir un grand succès ; je touchais à un second, mais je l'abandonnai avec bonheur, puisque cela me mettait à même de sacrifier quelque chose à celui qui m'avait tout sacrifié. Amis, amies, jouissances du luxe, d'amour-propre, j'abandonnai tout, j'aurais voulu lui donner ma vie.

Ma nature, mon caractère se révélaient enfin à mes propres yeux.

J'avais été toute ma vie humiliée de recevoir, je me sentais fière de donner.

J'employais mille finesses pour faire accepter ces riens qui sont tout un poëme.

J'avais racheté tout ce que les créanciers de Robert avaient fait vendre : des tableaux, des effets, des armes.

Chaque chose pour lui était un souvenir, une relique.

Il me témoigna plus de gratitude pour ces riens que si je lui eusse rendu un million.

Tout entière au bonheur de faire ce que je faisais, j'oubliais qu'un grand malheur pesait encore sur ma tête.

Le procès en appel à la cour impériale de Bourges allait être jugé.

Je ne pouvais encore disposer de ma maison du Poinçonnet, joli petit cottage que les habitants du pays ont baptisé du nom pompeux de château, nom sur lequel mes adversaires s'appuyèrent pour faire beaucoup de bruit.

Avec peu, en effet, il eût pu paraître naturel que j'eusse une maison de campagne, mais un château! cela était révoltant, il fallait me déposséder.

Les hommes d'affaires, les magistrats de Châteauroux surent à quoi s'en tenir relativement à cette gasconnade, et ne se laissèrent pas influencer par des phrases.

Mais à Bourges, comment les choses allaient-elles se passer au dernier moment?

La crainte me rendait profondément triste.

Le grand jour arriva enfin ; il fallut rassembler tout son courage et partir.

Je fis un résumé de ces Mémoires pour donner à la cour.

Robert en fit une note de son côté, précisant les faits, donnant des chiffres à l'appui et me défendant avec tout ce qu'il avait de cœur, mais 1 resta à Paris.

Ce que j'ai souffert pendant les trois jours que ces débats ont duré, Dieu seul le sait.

En entrant sous le vestibule de ce grand palais de Jacques Cœur, où siége aujourd'hui le tribunal, le froid des voûtes m'enveloppa comme un linceul, mes dents claquèrent, j'étais pâle à faire peur aux statues de pierre.

Toutes les voix résonnaient à mes oreilles comme des instruments de cuivre.

Mon nom mille fois répété par l'écho me fit peur.

L'impatience, l'inquiétude, une volonté plus forte que la mienne m'avaient amenée au tribunal.

Cachée derrière une colonne, je m'entendais traiter avec tant de mépris que je perdis la tête et me laissai glisser à genoux en pleurant.

Alors, j'oubliai le tribunal, les juges, je me crus dans une église et je priai Dieu avec ferveur.

Je lui demandai pardon du passé, lui promettant de faire mieux dans l'avenir, s'il voulait m'absoudre.

Dieu est bon, sa clémence est infinie.

Je sentis le calme et la résignation rentrer en moi.

Je sortis du palais comme j'y étais entrée, sans être vue, et j'attendis que mon sort se décidât.

J'avais bien fait de m'armer de patience ; les débats, comme je l'ai dit, après avoir duré trois jours et avoir fait plus de bruit que s'il s'était agi d'un grand criminel, furent clos et le jugement remis à quinzaine.

Je revins à Paris.

Les émotions, les secousses avaient été si vives,

que mes traits en gardèrent l'empreinte pendant plusieurs mois.

Robert me demanda pardon de m'avoir exposée à toutes ces tribulations, généralement au-dessus des forces de la femme.

Ce jour-là je fus heureuse de toutes mes misères.

J'aurais voulu avoir eu à souffrir davantage.

Cela ne se serait pas fait attendre si, comme je l'ai dit, Dieu, en qui j'avais mis toute ma confiance, ne m'avait donné la résignation.

Huit jours après les débats de Bourges eut lieu mon procès au tribunal de commerce à Paris.

Il s'agissait des quarante mille francs que Robert me devait et pour lesquels il m'avait fait des lettres de change.

Cet argent était en réalité ma fortune, car la maison était hypothéquée et il était dû beaucoup à Châteauroux.

Le tribunal de la place de la Bourse déclara que ces lettres de change étaient des effets de complaisance et ne pouvaient être regardés comme sérieux.

J'éprouvai une contrariété passagère, mais j'avais placé ma confiance au-dessus des hommes, j'espérais encore quand tout semblait désespéré.

L'avocat général de Bourges fit un résumé écrasant pour moi.

Il voulut flétrir, frapper un parti en ma personne, arrêter la contagion du mal fait à la société par mes pareilles, en donnant sur moi l'exemple du châtiment.

La cour était nombreuse; elle remit à huitaine sa délibération et me donna gain de cause.

Ce fut un beau jour pour moi et une grande confusion pour mes adversaires.

En réalité, je n'en avais qu'un, mais il avait cherché quelques petits débiteurs de Robert, en leur promettant de payer les frais qui pourraient être faits, qu'il gagnât ou qu'il perdît.

Plusieurs noms groupés ensemble devaient donner plus de force à ses prétentions.

Quelques-uns se désistèrent pendant le cours de ces procès qui semblaient devoir être interminables; d'autres avouèrent qu'ils regrettaient d'être entrés dans cette voie où ils s'étaient laissé entraîner par de faux rapports.

Enfin, le plus intéressé à ma perte se croyait déjà possesseur de mon petit château de cartes, et parlait de réformes, de changements, d'améliorations à faire lorsqu'il l'habiterait.

Il avait gagné au tribunal de commerce, il est vrai, mais cela était en première instance.

J'allais interjeter appel de ce jugement, et cela menaçait de durer encore longtemps, quand les choses prirent une direction sur laquelle je ne comptais plus.

Mon domicile fut envahi en mon absence par cinq personnes solidaires les unes pour les autres de cette inqualifiable violation des droits, prenant, je l'ai déjà dit, dans mes papiers et ceux de Robert ce qui leur convenait.

Je déposai des plaintes au parquet; on parut d'abord ne pas donner une grande importance à ces faits; mais un beau matin, lorsque le tour de cette affaire fut venu, elle se classa et parut causer un grand effroi à ceux qui en avaient ri jusqu'alors.

C'est qu'ils savaient mieux que moi que la justice, quand elle est instruite, punit sévèrement l'homme de loi qui fait un mauvais usage des pouvoirs qui lui ont été confiés.

Le tribunal de Châteauroux condamna à un mois de suspension et aux frais l'huissier qui les accompagnait dans cette injuste perquisition.

Il disait pour toute défense ;

— J'ai exécuté les ordres de l'avoué de Paris; j'ai fait ce qu'il faisait lui-même, croyant qu'il agissait en vertu d'un droit ou d'un pouvoir quelconque.

Il y avait bien là de quoi effrayer ces messieurs qui, en fait de pouvoirs, n'avaient que ceux qu'ils s'étaient arrogés.

Poussés par la crainte, ils me firent proposer un arrangement plus avantageux pour moi que celui que j'avais sollicité pendant deux ans.

Je refusais alors de sacrifier la moitié de ce que je possédais, comme j'y aurais consenti à cette époque afin d'en finir.

Ils revinrent humiliés, confus, me prier de retirer mes plaintes, m'envoyèrent de leurs amis qui me supplièrent de me désister, m'offrant de me rembourser immédiatement l'argent de mon hypothèque; mais je n'avais pas été la seule victime de ces brutalités sans nombre, et Robert m'obligea à refuser pendant plusieurs jours qui durent leur paraître bien longs.

Si cet argent lui avait appartenu, il l'aurait volontiers sacrifié à l'ombre d'une réparation, mais il comprit qu'il ne pouvait me forcer à un si grand sacrifice, et il me donna carte blanche.

Non-seulement je fus dégagée de la responsabilité qu'on voulait faire peser sur moi, mais encore j'exigeai que le bijoutier reprît pour son compte la créance du jeune homme pour lequel Robert avait si légèrement donné sa garantie.

Puis, leur demandant combien il leur devait personnellement, je leur payai le tout en son nom ; la somme s'élevait à 20,000 francs.

Il valait mieux que Robert me les dût qu'à ces vilaines gens qui l'avaient si fort maltraité.

D'ailleurs, Robert m'avait fait part de ses projets.

Il voulait entreprendre quelque chose, faire du commerce.

Ses créanciers l'en auraient peut-être empêché.

Comme cela, il était libre et sans entraves.

Certes, dissiper sa fortune est un grand tort, mais il est excusable quand on a le courage de la refaire.

Robert eut beau me gronder, se fâcher, ce qui était fait était fait.

J'étais bien sûre que pas un de ceux que j'avais payés ne rendrait l'argent en échange d'une promesse.

Robert fit tout ce qu'il put pour se procurer cette somme afin de me la rembourser.

Personne ne l'aida à se dégager de ce qu'il croyait devoir appeler sa reconnaissance envers moi.

Il ne m'en devait pourtant pas ; ce que j'avais fait était tout naturel.

Une partie de ses dettes devaient avoir été faites pour moi, à mon insu, il est vrai, mais n'avais-je pas profité de ses dons et fait-on de la générosité lorsqu'on rend ce qui vous a été donné d'une façon irréfléchie ?

Malgré le proverbe : « Il faut que jeunesse se passe, » l'homme qui s'est ruiné aussi ostensiblement s'est déclassé aux yeux du monde ; il n'inspire aucune confiance aux gens sérieux, et il semble que le présent doive toujours être ce qu'a été le passé.

Avec ce raisonnement souvent injuste, on met d'immenses entraves à des difficultés déjà si difficiles à vaincre pour celui qui commence un apprentissage à trente ans.

Partout Robert se trouvait face à face avec la méfiance et l'incrédulité.

Il sollicita une place, on la lui refusa.

Il chercha des marchandises, on le prit pour un chevalier d'industrie.

Souvent il se rebutait, et il se serait fait sauter la cervelle si je n'avais fait descendre en lui un peu de cette confiance qui m'était rendue, un peu de cette énergique ardeur qui augmentait toujours chez moi en présence des difficultés à combattre.

Enfin, à force de recherches, de persévérance, il trouva un grand négociant qui voulut bien l'aider sans le connaître.

Il l'écouta, le conseilla et lui promit des marchandises pour une somme assez importante.

M. Bertrand (c'est le nom de ce nouvel ami de Robert) était un homme plein de cœur.

Avec son expérience, il devina une grande intelligence, une grande envie de bien faire chez cet homme que l'on croyait incapable.

Lorsque Robert se fut assuré du travail, sa seule ressource pour l'avenir, il me proposa sérieusement de m'emmener.

Avant cette époque, comme il n'avait rien, il ne m'en avait parlé que d'une façon indirecte, et ses demandes avaient toujours été subordonnées à un : *Si je réussis.*

J'avoue que je n'avais jamais envisagé l'idée d'un pareil voyage sans effroi, et puis, j'avais vingt raisons pour refuser.

S'il m'emmenait, cela allait encore jeter de la déconsidération sur lui, ses rapports avec le monde en souffriraient et cela ferait diminuer ses chances de fortune.

Sa famille serait indignée et persisterait à le laisser vivre dans cet abandon qui lui avait été si douloureux.

Mais son idée était bien arrêtée; il combattit mes objections avec toute la chaleur dont son âme était capable.

— Je n'ai que toi au monde, me dit-il; si tu refuses de me suivre, je ne partirai pas.

Mon courage, c'est toi! mon pays sera partout où tu seras.

Que m'importe l'opinion des miens? Se sont-ils souvenus de moi quand mon cœur avait besoin du leur?

Ils ont détourné la tête, dans la crainte que j'aie besoin d'eux.

Aujourd'hui, je suis heureux de cet abandon, parce qu'il me fait libre.

Jamais je n'aurai un regret, jamais je ne te ferai un reproche; mais j'ai besoin de toi pour vivre comme on a besoin d'air pour respirer.

J'avais cru devoir lui dire ce que je lui avais dit, mais je pensai qu'il était inutile de refuser plus longtemps, car par-dessus tout, mon désir le plus ardent, mon vœu le plus cher était de ne plus le quitter.

Je ne lui posai qu'une seule condition : c'est que ma fille adoptive me suivrait partout, je ne voulais la confier à personne.

Sa réponse fut deux gros baisers sur les joues

de l'enfant. J'avais dit à Robert tout ce que j'avais fait pendant son absence. Cependant je n'avais pas osé lui avouer l'existence de ces Mémoires, mais ils ne m'appartenaient plus.

Ne sachant pas si Robert reviendrait, j'en avais disposé avant qu'ils fussent terminés, et voici comment :

Au plus fort de mes procès, un de mes amis, M. A... me demanda de les lui prêter. Il les lut, fut étonné, et les fit circuler sans que je le susse.

Lorsqu'il me rendit mes six volumes, ils avaient été lus par dix personnes.

J'en citerai quelques-unes dont l'opinion, sans qu'elles s'en doutassent, dicta ma conduite dans cette circonstance et peut la faire excuser.

La première fut M. Camille Doucet.

Son esprit doux et délicat s'effraya de ces révélations brutales, mais il ne les condamna pas, sachant que j'y avais été contrainte.

Mme Emile de Girardin, cette grande âme placée par Dieu au-dessus des autres âmes, compatissante pour ceux qui souffrent, indulgente et pleine de pitié pour tout ce qui est déchu, devina avec les délicatesses de son cœur de femme que la mort devait être préférable au suicide moral que j'avais accompli ; quoique souffrante, elle passa la nuit à lire ces pages tombées de ma main comme des larmes tombent des yeux.

— Peu importe qui pleure, disait l'auteur de *Marguerite ou les Deux Amours*.

Nous devons écouter la plainte de tous ceux qui souffrent.

J'ai trouvé la lecture de ces Mémoires très-attachante, et si jamais ils sont publiés, ils auront du succès parmi ceux qui les comprendront tels qu'ils sont.

M. Dumas les lut aussi ; son imagination ardente, son extrême bienveillance l'emportèrent bien au delà de la réalité, parce qu'il avait mesuré d'un coup d'œil les difficultés que j'avais eues à vaincre pour rallier ces souvenirs épars, les mettre en ordre, et rapporter des choses si difficiles à dire.

L'auteur d'*Antony*, que je connaissais à peine, parla de ces Mémoires à tout le monde.

Il inséra même dans son journal (*le Mousquetaire*) quelques lignes capables d'éveiller la curiosité et l'intérêt de ses nombreux amis.

A cette époque, j'eus l'occasion de me rencontrer avec une femme dont la réputation a fait grand bruit, sans doute parce qu'il y avait en elle deux personnalités et un surnom.

Un jour, c'était une chatte séduisante, souple, gracieuse; le lendemain, un vrai lion rugissant, griffes aigües, œil étincelant, dents blanches qui déchirent, rien n'y manquait; la ressemblance était telle enfin que le nom lui en resta.

Ce nouveau roi du désert régna sur un coin de Paris pendant longtemps, sans qu'on sût quel était son mode de gouvernement.

Le Lion est petite, blonde; ses traits sont insaisissables pour moi comme son caractère, il y a en elle des élans de cœur ou de haine surnaturels.

Elle est puissante par ses amis, entourage haut placé qui lui reste fidèle envers et contre tous.

Elle m'a rendu un service à moi qu'elle connaissait à peine; on dit qu'elle en rend à beaucoup de monde, c'est peut-être pour cela qu'elle a des ennemis, et qui sait si dans les plus acharnés elle ne reconnaîtrait pas ses obligés?

Je l'ai trop peu vue pour me former une opinion sur son véritable caractère.

J'aime mieux voir un peu par moi-même que d'entendre dire beaucoup; ce dont je me suis convaincue, c'est que son esprit est un des plus subtils et des plus amusants que j'aie jamais rencontrés.

C'est un feu roulant, quelquefois chargé à mitraille; personne ne lui échappe, personne ne peut lui tenir tête.

Elle connaît tout, voit tout, entend tout et en fait son profit; douée d'une mémoire incroyable, elle sait l'histoire de chacun sur le bout du doigt; les heures passent auprès d'elle comme des minutes.

On ne veut plus la revoir quand elle vous a fait une blessure morale, ce qui arrive souvent; mais alors elle redevient chatte.

Elle vous fait oublier avec une parole, un bout de lettre bien tourné, une grosse égratignure qu'elle vous a faite en riant.

Un homme d'esprit qui est son ami depuis vingt-cinq ans disait, en parlant d'elle :

— C'est une sorcière ou une fée. Il doit y avoir quelque chose comme cela.

Ce même ami, qui nous était commun, me mit en rapport avec un éditeur.

Je fis un traité; je n'avais pu me résigner à brûler ce que j'avais eu tant de mal à construire.

J'avais passé bien des jours et des nuits à faire et refaire sans cesse.

Je devais à ce travail constant un goût très-vif pour la retraite; loin de m'effrayer, la solitude, l'isolement m'apparaissaient avec des charmes inconnus jusqu'alors.

Lorsque Robert revint, il était trop tard pour m'empêcher d'entrer dans cette voie de publicité, où, du reste, j'étais entrée à cause de lui.

Je commençai mes préparatifs de départ; cela n'est pas une petite affaire quand on entreprend un si long voyage.

Mes meubles, tout ce que je possédais était expédié au Havre, lorsque Robert reçut sa nomination à une place qu'il avait sollicitée et sur laquelle il ne comptait plus depuis quelques mois.

Il voulut refuser à cause de moi; je refusai de partir s'il n'acceptait pas.

Il y avait pour lui une question d'avenir; mon avenir, à moi, je m'en inquiétais peu.

Je trouverai toujours le moyen de vivre d'un travail quelconque, mais lui... J'aurais mieux aimé mourir que le revoir exposé de nouveau à toutes les misères qu'il avait subies.

J'éprouve quelques terreurs à m'en aller si loin de mon pays, de ma beauté, de ma jeunesse. Il ne m'en restera bientôt plus que le souvenir. On ne peut aimer longtemps que la vertu, les mérites; pour aimer la femme qui vieillit, il faut qu'on l'estime, qu'elle soit la mère de vos enfants.

Si Robert allait redevenir ce qu'il était, violent, emporté! S'il allait se venger de m'avoir aimée! Si cette mer, dont le murmure me fait peur, allait m'engloutir! Si, enfin, je ne pouvais jamais revenir dans ce Paris où je suis née et que j'aime comme j'aimais ma mère, lorsque j'étais enfant!...

Peut être mourrai-je abandonnée là-bas, sous ce soleil brûlant qui dévore les plantes et les hommes.

Le portrait qu'il m'en a fait dans ses lettres n'est-il pas effrayant?

En cela, comme en toutes choses, que la volonté de Dieu soit faite! que ma destinée s'accomplisse!

Peut-être de grands événements m'attendent-ils à l'autre bout de cet horizon que je ne puis traverser de la pensée? Je vous écrirai chaque jour.

Puisse ce second journal, s'il vous parvient jamais, être plus intéressant et mieux écrit que celui-ci.

Si mes mémoires paraissent après mon départ, Robert n'en saura rien, car nous allons rester quatre mois en mer.

Et puis, qui les lira? quelques amis.

Ils passeront inaperçus, comme tout ce qui manque d'intérêt.

Si la critique allait s'en occuper!

Eh bien! qu'elle fasse selon sa conscience.

Je vais tenter, pendant le cours de cette longue traversée, la miséricorde de celui qui nous jugera tous. Dieu seul condamne sur l'Océan!

FIN.

NOTES

Craignant de n'avoir pas fait assez bien comprendre les raisons qui m'ont poussée à faire ces tristes révélations, je donne la copie des mémoires faits par mes défenseurs pour mes juges pendant le cours de ces procès. Les réponses adressées à mes adversaires diront assez à quel point ils m'accablaient, et si je ne reproduis pas ici les injures dont ils m'ont abreuvée sans relâche et sans pitié pendant trois années qui m'ont paru trois siècles, c'est que je crois qu'ils ont vivement regretté de s'être laissé entraîner dans une voie qui a failli les perdre et qui les a certainement compromis.

TRIBUNAL CIVIL DE CHATEAUROUX.
—

Note pour mademoiselle Céleste, contre M. D...

Un jour la société D...-B... a rêvé qu'elle allait devenir propriétaire du petit domaine du Poinsonnet. Elle ne peut renoncer à cette illusion sans se venger. Elle se venge par des injures ou des révélations étrangères à la discussion. On la dénonce. Rien n'est respecté, ni les regrets, ni les droits. Vous lui ferez justice, mais elle aura été obligée de se confesser publiquement, de dire aux hommes ce qu'elle n'aurait avoué à un confesseur qu'en rougissant et parlant bas.

Aux outrages, mademoiselle Céleste opposera des raisons. Sûre de son bon droit, elle se défendra surtout par le souvenir des faits.

La vivacité des attaques dont elle est l'objet, dans la note publiée sous le nom de M. D..., lui donne apparemment le droit de regarder en face son adversaire, de lui demander qui il est.

Qu'est-ce que c'est que M. D... dans le monde? Nous le dirons tout à l'heure.

Qu'est-ce que c'est que M. D... dans le procès? Rien du tout.

M. D... n'a droit de faire ce procès qu'autant qu'il est créancier. Or il ne l'est plus, il a été complétement désintéressé.

M. D... est porteur d'une hypothèque de 45,000 fr. qui frappe, de la manière la plus utile, sur les biens de M. de ***.

Après M. D..., il y a encore une marge considérable. Pure allégation! Simple éventualité! s'écrie mon honorable adversaire! Comment? allégation! éventualité! Mais M. D... en est convenu dans l'interrogatoire qu'il a subi à Paris, et dont le texte est sous les yeux du tribunal de Châteauroux. M. D... a été obligé d'avouer qu'il n'a été que le prête-nom de M. B..., qu'il allait être payé, que s'il ne l'était pas encore, c'est que probablement M. B... avait intérêt à ce retard.

Le procès se fait sous son nom, mais il n'y porte aucune préoccupation personnelle, et c'est à peine s'il s'est exactement informé des progrès de la procédure.

Nous avons fait un pas dans la cause. En ôtant le masque dont s'est affublé M. D..., nous trouvons derrière M. B...

M. B..., c'est bien le véritable adversaire de mademoiselle Céleste, c'est celui qu'elle a rencontré partout, dans le prétoire du tribunal comme dans la cour du Poinsonnet.

M. B... est-il créancier?

Il le dit, mais M. de ***, qui depuis douze ans a laissé entre les mains de son bijoutier banquier plus de 130,000 fr. de sa fortune, sous forme de billets et sous forme d'hypothèques, conteste le compte de son créancier, et le tribunal de la Seine est saisi d'une contestation élevée contre la créance de M. B...

Mademoiselle Céleste sait parfaitement qu'une des douleurs de ce procès, c'est de la forcer à révéler les fautes et les entraînements de sa vie. Elle sait qu'elle doit entrer dans le sanctuaire de la justice, comme on entre au tribunal de la pénitence. C'est l'attitude qu'elle n'a cessé de garder... devant ses juges. Mais elle ne se croit pas obligée de courber le front sous les outrages dont cherchent à l'abreuver MM. D... et B... Devant une attaque qui manque de mesure et de générosité, elle se relève sous l'affront, et, se retournant vers ses accusateurs, elle prend la liberté de leur demander qui ils sont pour l'insulter.

Si MM. D... et B.. s'étaient toujours renfermés dans le strict exercice de la profession de joailliers, ils n'auraient pas aujourd'hui l'occasion qu'ils croient avoir trouvée de faire du puritanisme sur les débris des fortunes de fils de familles ruinés. Si MM. D... et B... s'étaient bornés à vendre des bijoux pour les corbeilles de mariage, ils ne seraient pas ou ne prétendraient pas être les créanciers de M. de ***. Leurs noms ne retentiraient pas dans des procès où les noms de fraude sont prononcés, et où des notes d'une exagération ridicule sont réduites, par la justice, à des proportions plus raisonnables. MM. D... et B... se souviennent que la défense de mademoiselle Céleste a plaidé qu'à côté des fils de famille qui se ruinaient, les femmes momentanément associées à leur existence pouvaient échapper à la gêne ou à la misère; mais MM. D.. et B... ont oublié, sans doute, que la défense de mademoiselle Céleste a retracé un tableau complet du monde où M. de *** a rencontré MM. D... et B... Ils ont oublié que la défense s'est attachée à peindre ces spéculateurs de sang-froid, qui, surveillant la ruine progressive des jeunes gens entraînés par leurs passions, finissent par s'enrichir de leurs dépouilles.

Nous ne demandons pas mieux que d'évoquer de nouveau, devant les magistrats qui jugeront le procès, les images de cette existence parisienne, contre laquelle MM. D... et B... tonnent aujourd'hui avec une si vertueuse indignation. Les juges seront inévitablement frappés de ce contraste. D'un côté, des faiblesses, de l'affection, des fautes. De l'autre, du calcul et de l'égoïsme. Au surplus, sans sortir de la cause, mademoiselle Céleste propose à MM. D... et B... d'accepter un juge entre elle et eux. C'est M. de ***. Il est tombé d'assez haut et dans un abîme assez profond, pour voir clair, aujourd'hui, dans le passé de sa vie. Il expie assez courageusement les fautes de sa jeunesse pour jeter sur les entraînements de son existence un regard ferme et assuré. Que pense-t-il de mademoiselle Céleste? Il lui a conservé une affection sincère et sérieuse, il lui écrit les lettres les plus amicales. Que pense-t-il de MM. D... et B...? Il les considère comme les mauvais génies de sa vie.

Tous les titres, on veut bien le reconnaître, sont en faveur de mademoiselle Céleste. Qu'oppose-t-on à nos preuves?

On ne donne, il est vrai, que deux raisons principales. Réfuter ces deux raisons, c'est réfuter tout le mémoire produit au nom de nos adversaires.

On dit : 1° que les ressources personnelles de mademoiselle Céleste ne lui ont jamais permis de songer à acheter un terrain pour y faire construire le Poinsonnet.

2° Qu'à l'époque où l'acquisition a eu lieu, si M. de*** n'était pas complétement ruiné, il était sur le penchant du désastre financier dans lequel son patrimoine a été englouti.

Nous avons démontré au tribunal que mademoiselle Céleste pouvait parfaitement payer la propriété qui lui appartient. Sa famille n'était pas dénuée de ressources;

son grand-père a tenu pendant cinquante-six ans un hôtel garni rue de Bercy. Nous avons justifié qu'à une époque contemporaine de son acquisition dans le Berry elle a vendu Paris un fonds d'hôtel garni, connu sous le nom d'hôtel Cléry, et qui était sa propriété particulière. Une partie du mobilier de cet hôtel a même servi à compléter celui du Poinsonnet. Nous avons rapporté son engagement et la preuve des appointements qu'elle touche au théâtre des Variétés. Quand on veut l'insulter, d'ailleurs, on lui oppose sa fortune; quand on veut la dépouiller, on lui objecte sa misère. Il faudrait choisir. Elle a montré au tribunal des titres d'acquisitions de rentes, elle a prouvé que des cadeaux considérables lui ont été faits, en dehors de ce que M. de *** a pu dépenser pour elle. Son mobilier de Paris est une petite fortune. La société D...-B... ne peut l'ignorer, puisqu'elle en a également été tentée, et qu'il a fallu un jugement du tribunal pour mettre un terme, à cet égard, à sa convoitise. Ajoutons que toutes les dépenses du Poinsonnet sont loin d'être payées, que mademoiselle Céleste a engagé des valeurs, a contracté des obligations, indépendamment des 6,000 fr. d'hypothèque que le tribunal connaît.

Il n'est pas plus vrai de dire qu'au moment où le Poinsonnet a été construit, M. de *** était sur le point d'être ruiné. N'oublions pas d'abord que l'important, au point de vue de la cause, est précisément de savoir si M. de *** se croyait ou ne se croyait pas ruiné. Le doute à cet égard n'est pas possible. M. de *** espérait, et avec raison, que ses propriétés seraient vendues 800,000 francs. C'est par suite d'une dépréciation, aussi considérable qu'inattendue, qu'en son absence, les immeubles ont été vendus moitié de leur valeur, et que sa déconfiture a été consommée en huit jours. En admettant donc que le Poinsonnet fût une libéralité de M. de ***, elle serait antérieure de deux ans aux poursuites des créanciers, elle n'aurait jamais pu, par conséquent, être faite en fraude de leurs droits. Sous ce point de vue encore, mademoiselle Céleste ne saurait être dépouillée de ce qui lui appartient.

Battus sur ce terrain, MM. D... et B... invoquent des vraisemblances.

Ils épuisent tous les termes de la vénerie, de l'art héraldique ; ils accumulent toutes les hypothèses pour montrer que M. de *** aurait pu avoir l'idée d'acheter le Poinsonnet pour lui-même. Eh ! messieurs, ne vous donnez pas tant de mal ! Nous vous accordons que M. de *** aurait pu avoir cette idée. L'a-t-il eue ? Voilà le point à établir.

Il nous est aisé de prouver le contraire, puisque c'est lui précisément qui a donné à mademoiselle Céleste la pensée de replacer son argent de cette façon.

Vous criez à l'invraisemblance ! attendez ; les faits vont vous convaincre.

Le bulletin de la poste aux chevaux, laissé au dossier, prouve qu'à la date par nous indiquée, le mobilier de mademoiselle Céleste a été conduit dans le Berry. Les frais de transport ont coûté 600 fr.; c'est ce mobilier, dont nous avons donné les factures, Vigand et autres, qui n'a jamais cessé d'être la propriété de mademoiselle Céleste, et qui a été depuis transporté chez elle au Poinsonnet.

Trois ans après, la liaison de mademoiselle Céleste avec M. de *** avait changé de caractère ; aux illusions commencèrent à succéder des appréciations plus froides et plus raisonnables. La famille de M. de *** voulait le marier. Mademoiselle Céleste n'apportait à ces projets, dont elle comprenait la nécessité, aucun obstacle. Sa correspondance l'atteste. Mais ce lien ne pouvait se rompre en un jour. M. de *** comprenait que la vie commune devenait impossible. Mais il ne pouvait consentir à laisser s'éloigner de lui la femme qui avait été pendant trois ans la compagne de sa vie. C'est alors qu'il eut l'idée de l'engager à acheter un petit domaine, dans le but de se créer ou une retraite pour l'avenir, ou un revenu avantageux. Se séparant de M. de ***, elle devait reprendre son mobilier, qui allait tout naturellement trouver sa place au Poinsonnet. On chercha d'abord un emplacement convenable. Mademoiselle Céleste ne nie pas que M. de *** l'ait dirigée dans cette recherche; mais elle l'accompagnait toujours, et rien n'a été fait sans son assentiment. La position du Poinsonnet, à quelques mètres de la forêt, a paru avantageuse. « Si vous n'habitez pas un jour ou l'autre par vous-même, lui disait M. de ***, vous trouverez facilement à louer votre propriété comme rendez-vous de chasse. » Qu'on ne s'étonne donc pas si le Poinsonnet a reçu une approbation qui rappelle tous les attributs de la chasse ; à l'origine, mademoiselle Céleste ne comptait occuper que la maison du garde. Elle a cédé à un entraînement naturel aux personnes qui viennent d'acheter et aux conseils de M. de ***. Elle a fait venir Lamarche le maçon, et Duly le charpentier. Elle leur a tracé à la plume, sur un morceau de papier, le plan du pavillon qu'elle voulait.

Pour mieux marquer l'intention de la rupture projetée entre elle et M. de ***, elle est revenue à Paris et s'est engagée au théâtre des Variétés.

M. de *** n'était point brouillé avec mademoiselle Céleste. Il séparait sa vie de la sienne, mais sans pensée de rupture définitive. Qu'y avait il d'extraordinaire à ce qu'il s'occupât de la réalisation d'un projet qu'il avait inspiré, et dans lequel se trouvait la trace de son souvenir?

Y a-t-il lieu de s'étonner davantage si M. de *** a fait à ses frais, avec sa voiture et ses chevaux, le transport du mobilier de mademoiselle Céleste, comme nous le reprochent si haut MM. D... et B... ?

Des mois s'étaient écoulés, le mariage de M. de *** avait manqué. Alors seulement M. de *** commença à s'apercevoir des embarras d'argent qui allaient le presser de toutes parts. Il mit sa terre en vente, et s'ennuyant tout seul dans le Berry, il prolongea ses séjours au Poinsonnet.

Le tribunal a su, du reste, que si ces messieurs avaient des yeux de lynx pour apercevoir les traces du passage de M. de*** au Poinsonnet, ils étaient complétement frappés de cécité devant les robes, les amazones, les métiers à tapisserie, les ouvrages à la main de mademoiselle Céleste.

Le reste des propriétés de M. de *** avait été vendu en son absence, avec des pouvoirs émanés de lui, mais qu'il n'avait pas donnés pour vendre à si bas prix, ce qui a donné lieu à des réclamations par lui adressées à M. M..., procureur de la République.

Alors seulement M. e *** a connu, pour la première fois, toute l'étendue de sa ruine.

Il est retourné au Poinsonnet, a vendu ses chiens à M. M..., ainsi qu'à deux ou trois autres personnes dont le nom nous échappe, a envoyé une partie de sa sellerie en payement à Johns, son sellier, a vendu une voiture et un cheval à M. S..., a donné à son piqueur, qu'il avait depuis six ans, les chiens trop jeunes pour être vendus, et le petit sanglier, dont il a été tant question dans ce procès. Il n'a laissé que ses effets exclusivement personnels, a mis en ordre tous les papiers et tous les reçus des travaux dont il avait surveillé l'exécution au Poinsonnet.

Les adversaires triomphent de ce qu'une grande partie de ces reçus est au nom de M. de ***. Qu'y a-t-il de surprenant ? M. de *** était sur les lieux, mademoiselle Céleste était momentanément absente, les ouvriers et les entrepreneurs lui apportaient des factures ainsi conçues, il ne prenait pas la peine de les faire rectifier; mais les entrepreneurs qui avaient été appelés à l'origine des travaux savaient très-bien qu'ils travaillaient pour le compte de mademoiselle Céleste.

Mademoiselle Céleste, d'ailleurs, ne fait pas difficulté d'en convenir. La fausseté de sa position, dans le Berry, par suite de ses relations avec M. de ***, était pour tous les fournisseurs une cause d'embarras. Elle avait toujours eu la discrétion de ne pas se faire appeler madame de ***, et craignant de la désobliger en l'appelant *mademoiselle*, les fournisseurs lui adressaient jusqu'à ses gants au nom de M. de ***. S'il y avait eu la moindre pensée de fraude, soit de la part de M. de ***, soit de la part de mademoiselle Céleste, on se serait bien gardé de prendre les reçus au nom de M. de ***, et l'absence même de toutes précautions à cet égard est la preuve de la sincérité des actes faits deux ans auparavant.

Une autre preuve non moins forte de la sincérité de ces actes se trouve dans la correspondance de M. de ***. Nous avons produit dix lettres de M. de *** qui ne sont pas évidemment écrites pour les besoins de la cause, et où il reconnaît à chaque ligne ce droit de propriété de mademoiselle Céleste.

Le tribunal n'oubliera pas d'ailleurs la visite que mademoiselle Céleste a fait au Poinsonnet, et qui lui a été si amèrement reprochée. Elle a vu et rangé tous les papiers, tous les reçus dont on se fait une arme contre elle. — Rien ne lui était plus facile que de les emporter ou de les détruire. Elle les a scrupuleusement laissés à leur place, de sorte qu'aujourd'hui nous sommes fondés à dire à nos adversaires : Toutes ces pièces dont vous faites un si grand étalage sont sans intérêt, puisque mademoiselle Céleste les a laissées à votre disposition, ou si elles sont susceptibles de discussion, vous êtes obligés de vous incliner devant la parole d'un adversaire, qui vous a donné un tel exemple de loyauté !

Nous devons, au surplus, le rappeler, MM. D... et B... n'ont pas éprouvé la moindre émulation de générosité.

En dehors même du procès, ils n'ont rien épargné à mademoiselle Céleste : injures, mauvais procédés, ils ont tout accumulé. Ils ont fouillé ses papiers, scruté ses correspondances, envahi son domicile en son absence.

Contre tant d'attaques aussi violentes qu'injustes, mademoiselle Céleste n'a qu'une force, son bon droit, elle n'a qu'une espérance et qu'un appui, c'est la protection qu'elle attend avec confiance de la justice.

Chronique de l'Indre.

23 août 1852.

Une foule immense se pressait mardi dernier, dans la salle d'audience du tribunal civil de Châteauroux. Deux avocats célèbres, appartenant l'un et l'autre au barreau de Paris, avaient été annoncés.

Il s'agissait d'un procès suivi par un créancier de M. le comte de ***, contre mademoiselle C...

On ne saurait exprimer la verve, l'entraînement avec

lesquels l'illustre avocat de mademoiselle C... a abordé successivement les aspects divers de la cause.

Tout l'auditoire était sous le coup d'une vive émotion.

Me M..., avec cette parole toujours grave d'un maître du barreau, s'est constamment attaché à resserrer son procès sur le terrain du droit, pour mieux le dégager de l'impression produite par la brillante plaidoirie que l'on venait d'entendre.

Le barreau de Châteauroux a pris sa belle part dans cette lutte oratoire ; Me Moreau, son bâtonnier, plaidant pour un intérêt analogue à celui de mademoiselle C..., a résolûment abordé les principes et les a exposés avec la science et la force de logique qui le distinguent.

C'était une fortune que la rencontre de ces trois hommes de talent, et la population en conservera longtemps le souvenir.

Si notre réserve nous interdit de rien préjuger d'une cause mise en délibéré, nous devons constater que le public nombreux qui assistait aux débats confirmait, en sortant du palais, ce fait avancé par Me D..., qu'au lieu d'exciter les prodigalités de M. le comte de ***, sa cliente s'est toujours efforcée de les combattre.

COUR IMPÉRIALE DE BOURGES.

Note pour mademoiselle C..., contre M. D... saisissant ; B..., intervenant.

§ Ier.

Question à juger.

MM. D... et B... reconnaissent que mademoiselle Céleste a en sa faveur le titre et la possession.

Mais ils prétendent que ce titre et cette possession ne sont qu'une apparence mensongère.

MM. D... et B... sont demandeurs, ils doivent détruire l'efficacité du titre et de la possession de mademoiselle Céleste, et puisqu'ils allèguent la fraude, c'est à eux de la prouver.

Remplissent-ils cette double condition?

Mademoiselle Céleste, dont les papiers ont été fouillés par ses adversaires, avant comme après, et malgré les arrêts de la justice, n'est-elle pas en droit d'exiger au moins que cette preuve, pour être admise, ne laisse rien à désirer?

§ II.

Les fins de non-recevoir.

Avant d'aborder la discussion, MM. D... et B... (page 2 de leur second mémoire) insinuent que M. Pierre, intervenant, aurait renoncé à la fin de non-recevoir tirée des articles 2209 et 2210 du code Napoléon.

M. Pierre a si peu renoncé à ce moyen, que Me Guillot, plaidant pour lui, a formellement rappelé le principe plus sévère encore, que l'action révocatoire n'était ouverte qu'au créancier qui ne trouvait pas dans les autres biens de son débiteur un gage suffisant pour sa créance. Donc nécessité de discussion préalable des biens que le débiteur a hypothéqués spécialement ou dont la propriété dans ses mains n'est contestée par personne.

Ce moyen eût-il été abandonné par M. Pierre, mademoiselle Céleste aurait le droit de le reprendre et de le soutenir devant la cour, puisqu'elle a déclaré en première instance qu'elle se rendait commune la défense de M. Pierre à cet égard.

Dans ce système, n'a-t-elle pas plaidé à Bourges que M. D... était payé totalement par sa collation dans l'ordre de la Châtre?

Quant à M. B..., le chiffre de sa créance est encore douteux, puisqu'il y a appel du jugement rendu par le tribunal de la Seine.

Ce qu'il y a de certain, c'est qu'il reçoit 10,000 francs dans les ordres, et qu'au moyen de l'opposition qu'il vient de pratiquer entre les mains de M. de la Châ..., débiteur de M. de ***, par suite du transport que M. B... lui a fait de sa créance, M. B... se trouve avoir deux garanties pour une.

N'oublions pas d'ailleurs quel est le caractère du procès. C'est une action en fraude qui est dirigée contre nous.

Cette action n'appartient ni à M. D..., ni à B...

En effet, deux choses constituent la fraude, *l'intention et le préjudice*.

D..., payé sur les immeubles dont le prix est distribué à la Châtre, ne subit aucun *préjudice* par suite des actes qu'il attaque.

B..., créancier postérieur au 13 août 1850, ne peut imputer à M. de *** *l'intention* de nuire à ses droits.

B..., embarrassé par la date de son titre, qui est de juillet 1851, prétend en vain que les causes de cette seconde obligation sont antérieures, au moins pour partie, à l'acquisition du Poinsonnet. Cela ne pourrait être vrai que pour une portion extrêmement minime, par deux raisons: la première, c'est que cette obligation comprend le prix du transport de 39,000 fr. sur M. de la Châ..., transport qui n'a eu lieu qu'en juin 1851. La seconde, c'est que la première obligation D... et B... étant du 10 mai 1850, les fournitures faites dans l'intervalle sont nécessairement très-importantes.

Ajoutons que dans tous les cas cette portion est déjà couverte par les 10,000 francs que M. B... touche dans les ordres.

Pour échapper à des moyens aussi décisifs, l'adversaire a été obligé de se retrancher derrière la théorie de la simulation absolue, qui a le double inconvénient de venir tard dans la cause et d'être en désaccord avec tous les faits, tous les actes et toutes les circonstances du procès.

Au point de vue moral, il serait par trop fort que M. B... pût attaquer des droits acquis et des actes authentiques, pour la sauvegarde de créances dont l'origine est si peu digne d'intérêt et qui seraient encore moins excusables si M. de *** était à cette époque ruiné, comme le prétendent MM. D... et B...

§ III.

Objet du procès.

Le procès a un double objet : le mobilier du Poinsonnet, le pavillon du Poinsonnet.

§ IV.

Mobilier.

Mademoiselle Céleste adresse aux adversaires les questions suivantes :

Est-il constaté qu'elle ait fait transporter en Berry son mobilier de la place de la Madeleine ?

Est-il constaté qu'elle ait déboursé les frais de ce transport ?

Oui, car elle rapporte au dossier la quittance de la

poste aux chevaux : le fait n'a même pas été contesté.

Ne produit-elle pas des factures s'appliquant à ce mobilier ?— Oui, incontestablement. Il y en a même qu'elle a fait enregistrer dès le lendemain de la saisie, aux droits de 200 francs environ, pour mettre sa demande à l'abri de **toutes** fins de non-recevoir, en énonçant régulièrement, au moins pour partie, les preuves de sa propriété. On comprend du reste, par l'énormité de cette dépense, qu'elle n'ait pas pu faire enregistrer toutes les factures.

Il est facile de reconnaître l'application de ces factures, qui remontent aux années 1844, 1845, 1846, 1847, toutes années antérieures aux relations de M. de *** avec mademoiselle Céleste ; elle ne doit donc pas ce mobilier aux libéralités de M. de ***.

B... a pris communication de ces factures. Il est allé chez les marchands, comme le prouvent plusieurs lettres que nous avons représentées, et il n'a rien articulé à l'encontre des pièces produites.

Cependant il veut faire vendre le tout !

Bien différente a été la conduite de mademoiselle Céleste. N'est-il pas constaté que, par ses conclusions signifiées en première instance, elle a reconnu et distingué, parmi les objets mobiliers qui lui appartiennent, ceux qui avaient été déposés chez elle par M. de ***, et qu'elle a demandé acte de sa reconnaissance à cet égard.

Oui, tel était le but du voyage, voyage nécessaire, qu'elle a fait au Poinsonnet, parce qu'en tout elle voulait agir avec loyauté. C'est par ce motif qu'elle a marqué de numéros les objets qui ne lui appartenaient pas.

En résumé, M. B..., qui devait prouver contre mademoiselle Céleste, ne rapporte aucune justification.

Mademoiselle Céleste, qui n'avait aucunes preuves à faire, les rapporte toutes.

§ V.

Acquisition et construction du Poinsonnet.

Mademoiselle Céleste procédera de même que pour le mobilier.

N'est-il pas constant que le prix de l'hôtel Cléry est en rapport avec le prix de l'acquisition de la location du Poinsonnet ?

N'est-il pas constant que mademoiselle Céleste a envoyé de Paris divers objets qui sont entrés dans la construction du Poinsonnet, tels que les cheminées de marbre, poêle, treillis en fer qui sont dans le parterre, corbeille en fil de fer, volière, etc.?

Toutes les factures à son nom sont au dossier.

La correspondance ne justifie-t-elle pas qu'à diverses reprises et pendant la durée des travaux, mademoiselle Céleste a envoyé de l'argent à Châteauroux ?

Ne représentons-nous pas les quittances des ouvriers, payés par suite de l'emprunt Pierre, pour lequel mademoiselle Céleste a donné une procuration datée de Paris, où elle était retenue par son service au théâtre, cette procuration enregistrée, légalisée avant toutes poursuites ?

Tous les ouvriers qui restent à payer ne comptent-ils pas sur mademoiselle Céleste pour leur payement? Ce n'est pas là une feinte, un moyen d'intéresser la justice; mademoiselle Céleste a énoncé formellement cet engagement dans la lettre publiée par ses adversaires; elle l'a pris en effet, elle l'exécutera, la justice reconnaissant son droit. C'était son obligation, puisque les ouvriers travaillaient en réalité pour elle.

Mademoiselle Céleste ne conteste pas que beaucoup des mémoires des travaux du Poinsonnet sont au nom de M. de ***, cela a été expliqué par nous dans la note de première instance, nous n'avons pas besoin d'y revenir.

Elle ne disconvient pas non plus que M. de *** ait voulu lui faire quelques cadeaux pour aider à la construction du pavillon.

M. de *** n'était pas ruiné alors, M. de *** se croyait, et avec raison, au-dessus de ses affaires : il avait bien le droit de faire des libéralités de bien peu d'importance quand on les compare à sa situation. Le ministère public a semblé reconnaître qu'à ce moment M. de *** aurait pu, d'un trait de plume, faire à mademoiselle Céleste cadeau du pavillon tout construit ; ce qu'il pouvait faire pour le tout, comment n'aurait-il pas pu le réaliser pour des payements sans importance ?

Ces libéralités, d'ailleurs, n'ont jamais existé qu'en projet. Mademoiselle Céleste a été obligée de payer avec ses ressources personnelles, et ce qui n'est pas payé, c'est elle qui le doit.

Le compte du Poinsonnet n'est pas difficile à faire :

Mademoiselle Céleste a commencé par payer au vendeur.	6,000 fr.
Elle a emprunté de M. Pierre.	6,000
Ses lettres prouvent qu'elle a envoyé de Paris.	5,000
Ses lettres, confirmées par les factures à l'appui, prouvent encore qu'elle a envoyé : cheminées, treillages et poêle, etc., le tout pour une somme de. . .	3,500
Il est dû à Châteauroux pour le Poinsonnet une somme d'environ.	12,000
Cela donne en total.	32,500

C'est, à quelques centaines de francs près, le prix de revient du Poinsonnet.

Les adversaires se sont bien gardés d'annoncer des chiffres précis à la cour, ils ne parlent que par 30 ou 60,000 fr., mais si on leur demande des détails ils n'en fournissent aucun.

Ils ont pris nos pièces, ils les ont même envoyées à Paris, sans qu'elles fussent revêtues d'aucun visa. Mademoiselle Céleste avait protesté par acte signifié contre de tels abus, et avait même demandé que les pièces fussent retirées du procès. C'est le motif pour lequel elle n'avait pas exploré plus tôt ce qu'elles contenaient.

Si la construction du Poinsonnet avait été la propriété de M. de ***, comment n'aurait-il pas pris les bois nécessaires à cette construction sur les dépendances de la terre de ***.

Lors même que les allégations des adversaires seraient aussi vraies qu'elles ont été prouvées fausses quant aux coupes des bois, il est bien évident que M. de ***, qui ne craint pas, dans le système des adversaires, de déshonorer sa propriété, eût bien trouvé, en abattant quelques arbres de bordures, le bois nécessaire à la construction d'un pavillon de 15 mètres de long sur 11 mètres de large.

Les factures de Lemerle sont produites par les adversaires au milieu des pièces qui ont été remises par le séquestre.

Donc pour le terrain nous pouvons, comme pour le mobilier, dire que MM. D... et B... n'ont rien prouvé, et que mademoiselle Céleste, qui n'a rien à prouver, a rapporté toutes les pièces désirables.

§ VI.

Présomptions de simulation invoquées par les adversaires.

PREMIÈRE PRÉSOMPTION.

Situation de fortune de M. de***.

Où donc eût été l'intérêt de faire des actes simulés au préjudice de ses créanciers pour un homme qui avait la conviction que sa fortune dépassait deux fois son passif, et qui, au moment de la vente de ses biens, croyait encore que, tous ses créanciers étant payés, il lui restait 150 ou 200,000 francs.

Vous méconnaissez aussi les enseignements de cette correspondance que vous avez arrachée au secret qui lui était destiné. Relisez, et vous verrez que, quand M. de *** s'aperçoit enfin de sa ruine, son désespoir éclate, et qu'au lieu de se ménager une retraite pour y vieillir, il ne pense qu'à se faire soldat en Afrique ou mineur en Australie,

C'est alors que, par un sentiment de délicatesse qui a touché le cœur de la cour, mademoiselle Céleste lui offre, dans les termes les plus affectueux, les ressources dont sa famille et elle peuvent disposer.

C'est alors qu'elle lui dit dans une lettre : « *Garde mes 40,000 fr., tu peux t'en servir pour tenter la fortune, je n'en ai pas besoin maintenant; si tu me les rendais, il me faudrait bien les replacer.* »

Si ce ne sont pas les termes mêmes de la lettre que nous n'avons pas sous les yeux, c'en est certainement le sens.

Cette idée de prête-nom est vraiment incroyable, et elle ne pouvait germer que dans l'esprit de M. B...

DEUXIÈME PRÉSOMPTION.

M. B... met sous ce paragraphe l'analyse des nombreux procès qu'il crée de tous côtés.

Il s'étourdit du bruit qu'il fait lui-même.

Pourquoi tant de tapage ?

Apprécions à notre tour le caractère et les motifs de cette guerre si acharnée qu'il a déclarée à mademoiselle Céleste.

Est-il inscrit sur le Poisonnet ? Non, sa créance résulte d'une obligation avec affectation spéciale sur les terres de M. de...

Rêve-t-il donc quelque marc le franc avec les créanciers chirographaires dont il a fixé le chiffre à 300,000 fr. ?

Nous lui faisons la même question quant au mobilier.

Ce serait bien désintéressé de sa part, et nous avons quelque peine à croire au désintéressement de M. B...

La violation du domicile de mademoiselle Céleste, l'exploration illégale de ses papiers et de ceux de M. de ***, exécutée par M. B... en personne, n'avaient-elles pas un but caché ? Voulait-on priver M. de *** des papiers qui lui étaient nécessaires pour discuter le chiffre des créances D... dans le procès de Paris.

Espérait-on se procurer des armes pour attaquer la créance Céleste ?

La cour ne perdra pas de vue quelles inimitiés pouvait nourrir contre mademoiselle Céleste un homme à l'égard duquel elle s'était crue autorisée à se servir, dans sa correspondance, d'expressions que nous n'avons pas cru devoir répéter en plaidant, d'un homme à l'influence duquel elle cherchait à soustraire M. de ***.

Dans son ardeur à tout incriminer, M. B... a prétendu

que mademoiselle Céleste avait produit à l'ordre pour une créance de 20,000 fr.

Rien de plus inexact.

Mademoiselle Céleste ne figure pas à l'acte ; le notaire a fait accepter l'obligation par son clerc. Elle n'a pas produit à l'ordre. En énonçant ce fait devant la cour, mademoiselle Céleste a dit la vérité.

L'insistance que vous mettez ne peut servir qu'à une chose, c'est à donner une nouvelle preuve qu'à cette époque M. de *** ne se croyait pas ruiné. Nous aimons à en trouver l'aveu dans votre bouche.

TROISIÈME PRÉSOMPTION.

On crie à l'invraisemblance parce que mademoiselle Céleste aurait songé à se créer pour elle-même, au Poinsonnet, une petite propriété avec l'idée de louer la locature et le chenil, comme rendez-vous de chasse.

Qu'y a-t-il d'inadmissible dans cette idée qui lui avait été donnée par M. de***, par M. le comte de T... et M. le comte de B..

La demande de location qui lui est faite par diverses personnes, demande dont elle justifie par des lettres envoyées à la cour, prouve assez que cette idée n'était pas aussi extraordinaire, aussi dénuée de sens que M. B.. se plaît à le dire.

Au nombre des personnes qui ont écrit, nous pouvons citer M. H., notaire à Châteauroux.

QUATRIÈME ET CINQUIÈME PRÉSOMPTIONS.

Il aurait été de bon goût de la part de M. B... de ne pas insister sur les ressources que mademoiselle Céleste a pu posséder en dehors de son théâtre et des économies de sa famille.

Ainsi que nous le disions dans notre première note, quand on veut insulter mademoiselle Céleste, on lui oppose sa fortune; quand on veut la dépouiller on lui objecte sa misère.

Nous avons charitablement averti M. B... de la contradiction dans laquelle il était tombé. Son habile avocat est venu à son secours. Il a imaginé une théorie intermédiaire qui consiste à plaisanter mademoiselle Céleste sur l'administration de sa fortune.

Trêve de généralités.

Que veulent les adversaires ? Forcer une dernière fois mademoiselle Céleste à une discussion pénible. Elle en aura le courage pour éclairer la justice, elle a justifié d'un titre de rente tout à fait étranger à M. de ***.

On a répondu que si elle l'avait eu, elle l'aurait encore. Nous ne comprenons pas cette persistance des adversaires, nous avons positivement offert de prouver que la rente avait été vendue par elle le jour de l'achat de l'hôtel Cléry, et nous avons nommé l'agent de change qui a fait la négociation.

Devant l'audace d'un nouveau démenti, nous produisons les deux bordereaux.

Il serait aisé à mademoiselle Céleste de faire d'autres justifications et de souffler sur le fragile château de cartes dont se composent les hypothèses échafaudées par M. B..., si elle n'était pas arrêtée par des scrupules que la Cour comprendra, et si elle ne reculait pas à l'idée de prononcer des noms qui ne doivent pas figurer au procès.

Si une chose nous a surpris dans le mémoire de M. B..., c'est de le voir invoquer la correspondance entre mademoiselle Céleste et M. de ***, comme contenant la preuve de la fraude qu'il allègue.

Le laconisme avec lequel il en parle prouve du reste qu'il ne se croit pas bien assuré sur ce terrain.

Jamais, peut-être, on n'a vu un pareil abus du droit dans les fastes judiciaires et à la suite une pareille déconvenue.

Voici un plaideur qui arrive, par tous les moyens imaginables, à se procurer les papiers les plus secrets, les correspondances les plus intimes de ses adversaires.

La défense qui lui est opposée n'a plus rien de libre ni de spontané; elle n'a plus le choix de ses armes. Tout est mis à jour, tout est révélé.

Il n'y a rien dans la correspondance au point de vue de la fraude, il y a tout au point de vue de la sincérité des actes et de la loyauté que mademoiselle Céleste n'a cessé d'apporter dans les déclarations qu'elle a faites devant la justice.

Nous en avons la ferme conviction, cette correspondance sera le salut de sa cause.

La Cour a les lettres sous les yeux, elle en a bien pénétré le sens. Elle rapprochera les sentiments exprimés des faits et des actes, elle acquerra la preuve irréfragable que le récit que nous avons présenté est vrai et sincère.

Au lieu de s'attacher aux minutes comme le fait M. B..., elle appréciera avec élévation.

Nous en dirons autant de la lettre à laquelle se rattache le nom de M. T. de ***.

Nous avons beau lire et relire cette lettre, nous n'y voyons rien dont on puisse tirer argument contre mademoiselle Céleste.

Le but de la lettre est de prier M. T. de *** de racheter les objets personnels à son frère. La seule allusion faite au procès n'exprime que l'inquiétude bien naturelle chez une femme engagée pour la première fois dans un procès d'où dépend toute sa fortune.

Cette lettre, au surplus, a reçu de M. T. de *** lui-même, sur le sens dans lequel on voulait l'interpréter, un démenti dont les adversaires ont dû comprendre la portée.

Vous prétendez, messieurs, avoir été autorisés à la produire ; mais il est constant aujourd'hui que vous ne la possédez que par l'effet d'une surprise, et que, loin de vous avoir encouragés, M. T. de *** repousse non-seulement le sens que vous lui donnez, mais l'usage que vous en faites.

Nous croyons avoir répondu à toutes les objections des adversaires, et il nous paraît inutile d'insister davantage. Pourquoi aurions-nous dans les arguments de M. B... plus de confiance qu'il ne paraît en avoir lui-même ?

En relisant les dernières lignes du Mémoire, nous trouvons les prémisses bien pompeuses et la conclusion bien modeste.

Après avoir crié bien haut que la preuve de la fraude est faite, on se résume à demander une enquête pour tâcher de courir après quelques indices.

C'est toujours le même système.

On a commencé par dire : Si nous pouvions avoir les papiers explorés au Poinsonnet, on y trouverait le démenti des actes. On a eu ces papiers en première instance, et on n'y a rien trouvé.

On s'est rejeté alors sur la correspondance. On a dit et répété : Si nous pouvions avoir la correspondance, elle nous donnerait gain de cause. Cette correspondance pour vous ôter tout prétexte, nous vous l'avons livrée ; vous n'y avez trouvé que la preuve des bons sentiments de mademoiselle Céleste.

Maintenant on a l'air de soupirer après une enquête ; si elle avait lieu, elle tournerait certainement à la confusion des adversaires.

La Cour a donc encore plus de raisons pour confirmer le jugement du tribunal de Châteauroux que le tribunal de Châteauroux n'en avait pour le rendre.

Mademoiselle Céleste a fait sa confession dans ce procès.

M. B..., lui, n'a rien confessé. Si quelques actes de sa vie ont été révélés à la justice, ils n'ont été connus que bien malgré lui et par la lecture de pièces et documents judiciaires.

S'il n'a pas fait sa confession, en revanche il a fait beaucoup de morale.

Mais un tel langage n'a aucune valeur de sa part ; M. B... est évidemment trop intéressé.

Où aboutirait d'ailleurs cette morale dans le procès ? Elle arriverait, sous le prétexte que M. de*** peut avoir déboursé quelque argent sur les travaux du Poinsonnet, à dépouiller mademoiselle Céleste de tout ce qui lui appartient, de tout ce qui appartient à sa famille.

Enoncer un pareil résultat, c'est le rendre moralement impossible.

TRIBUNAL DE COMMERCE.

Note pour mademoiselle Céleste, contre M. B... et MM. Crémieux, Guillemot, Legris.

Mademoiselle Céleste demande la permission au tribunal de mettre sous ses yeux un résumé très-succinct des moyens qu'elle oppose à la demande de M. B..., et à celle des créanciers qui ont cru devoir intervenir dans le procès, à la suite de M. B...

Cette discussion très-rapide comporte tout naturellement l'examen des deux moyens de forme et de la question du fond.

§ 1er.

Fin de non-recevoir.
Non-recevabilité de la tierce opposition.

1o M. B...

M. B... est non recevable à former tierce opposition au jugement obtenu par mademoiselle Céleste contre M. de ***

En effet, au moment où l'obligation de mademoiselle Céleste a pris naissance, M. B.. n'avait *aucun droit*. Le titre qui a donné lieu au jugement de mademoiselle Céleste contre M. de *** est du 15 avril 1851.

Or, quel est le titre présenté par M. B...

C'est une obligation de 46,000 francs en date du 19 juillet 1851.

M. B.. a essayé d'établir une confusion : il a prétendu que les fournitures, causes de cette obligation, remontaient à une époque antérieure à 1850.

Cette affirmation est démentie par tous les faits de la cause.

D'abord, l'obligation du 19 juillet 1851 a été précédée d'une autre obligation de 45,000 francs, en date du 18 mai 1580, souscrite par M. de ***, au bénéfice de M. D..., prédécesseur, associé, et plus tard prête-nom de M. B... Cette première obligation porte, au bas de l'obligation même : *pour solde de tout compte.*

Cette obligation venait elle-même postérieurement à un jugement du tribunal de commerce de la Seine, pour un somme de 15,879 francs 30 cent., auquel jugement M. de *** a acquiescé le 26 janvier 1849.

Il est donc certain, par cette première raison, que les causes de l'obligation du 19 juillet 1851 sont postérieures à 1850.

Nous apportons une nouvelle preuve, c'est une facture signée de M. B..., en date du 13 mars 1851, et portant : *pour solde de tout compte*, facture remise au Tribunal.

Nous apportons enfin une troisième raison : c'est que l'obligation de 1851 se compose en grande partie, jusqu'à concurrence de trente et quelque mille francs, d'un transport de créance La Châ... et Liév..., que M. de *** avait garanti. Les reçus de M. B... portant la date de 1851 sont au dossier.

Est-il besoin de rappeler que M. B... est en ce moment en instance devant la cour impériale de Paris sur la validité de son titre, dont la base se trouve encore dans des fournitures, et dans une garantie obtenue de la bonne foi de M. de *** ?

Voici un extrait de l'obligation B..., en date du 19 juillet 1851.

A été extrait littéralement ce qui suit :

M. de *** déclare, sous les peines de droit, qu'il est célibataire, et qu'il n'a jamais été tuteur, curateur ou comptable de deniers publics ;

Que les immeubles ci-dessus hypothéqués ne sont grevés d'aucun privilége, mais qu'ils sont grevés par hypothèque conventionnelle :

1. De la somme de 150,000 francs, due, etc.
2.
3.
4.
5.
6.

Et par hypothèque judiciaire :

1. de la somme de 40,000 fr. due à mademoiselle Céleste, en vertu d'un jugement rendu par le tribunal de commerce de la Seine, dans le courant du mois d'avril dernier ;

2. Et de 2,000 fr. dus, etc.

Dans une pareille situation, M. B... n'a pu prendre lui-même au sérieux le procès qu'il nous faisait. Il marchait de déception en déception ; après avoir plaidé longtemps sous le nom de D..., payé dans l'ordre sous le nom de D..., dont les aveux trop naïfs avaient compromis le succès de tant de poursuites, M. B... s'était décidé à agir par lui-même. Mais voilà que son titre même constitue une fin de non-recevoir contre l'action qu'il a intentée.

Comment faire ?

M. B... s'est mis en quête pour trouver des alliés. Il a cherché parmi les créanciers de M. de *** les éléments d'une coalition contre mademoiselle Céleste.

La plupart de ces créanciers ont refusé de s'associer à cette guerre, que rien ne justifie. Nous le prouvons par leurs lettres. Trois seulement y ont consenti. Ce sont MM. Legris, Guillemot, Crémieux.

Voyons si M. B... doit se féliciter de cette diversion judiciaire.

2° M. LEGRIS.

Nous n'avons plus besoin d'en parler. M. Legris s'est désisté de sa demande, quand il a su ce qu'on voulait faire de son nom.

3° M. GUILLEMOT.

M. Guillemot n'est que le cessionnaire de M. Thomas B..., à qui M. de *** avait, en 1851, racheté une voiture d'occasion pour une somme de cinq mille francs. Il a reçu déjà une somme de deux mille francs, à valoir sur sa créance, dans le courant de 1853. M. Guillemot, si nous sommes bien informés, n'a poursuivi que parce que M. B... lui a garanti les frais, et c'est ce que M. d'Orléans, son huissier, serait disposé à attester, s'il en était besoin. Car M. Guillemot n'a dans le procès aucun intérêt personnel. Que la créance de mademoiselle Céleste soit ou ne soit pas payée, il ne viendra pas dans l'ordre en rang utile. Il ne toucherait rien que ce que M. B... voudrait bien lui donner. Le défaut d'intérêt est une véritable fin de non-recevoir contre M. Guillemot, aux termes d'une jurisprudence constante, qui décide que la tierce opposition, formée par un créancier au jugement rendu en faveur d'un autre créancier, est non recevable, lorsque la décision attaquée ne change en rien la position du demandeur vis-à-vis du débiteur commun. (Arrêt de cassation du 9 juin 1847.)

Voilà donc une intervention qui ne peut servir en rien la cause de M. B..., puisque M. Guillemot est non recevable, comme M. B... lui-même.

4° M. CRÉMIEUX.

Il n'est pas possible de voir une intervention plus malencontreuse.

Contre M. Crémieux nous n'avons que le choix des fins de non-recevoir.

1° Il est payé dans l'ordre. Dans le cas où, comme il le prétend, il lui manquerait quelque chose, il ne pourrait l'attribuer qu'à sa complaisance pour M. B..., qui a surchargé ces procédures de frais énormes, et discrédité les derniers immeubles vendus.

2° M. Crémieux a connu le jugement de mademoiselle Céleste, ainsi que l'inscription hypothécaire prise en exécution de ce jugement, puisqu'il a commencé par accepter une hypothèque, après celle de mademoiselle Céleste. Il a fait plus, il trouvait sa position tellement bonne et assurée, que connaissance prise de l'état hypothécaire, il a, par complaisance et sans y être forcé, fait la gracieuseté de son rang à M. Blanchard, banquier, à Tours, qui n'a consenti à prêter 16,000 fr. à M. de *** qu'à cette condition.

3º M. Crémieux enfin, dans l'obligation même qui lui sert de titre, a, comme M. B..., laissé énoncer la déclaration faite par M. de ***, de toutes les hypothèques qui le précèdent, et notamment de l'hypothèque prise au nom de mademoiselle Céleste, pour sûreté d'une créance de 40,000 fr.

— M. de *** déclare sous les peines de droit :

Que ses immeubles sont grevés par hypothèque conventionnelle,

1º.

2º, etc.,

et par hypothèque judiciaire, de la somme de 40,000 fr. due à mademoiselle Céleste, en vertu d'un jugement rendu par le tribunal de commerce de la Seine, dans le courant du mois dernier.

Par tous ces motifs, M. Crémieux est non recevable, comme M. B... Nous pouvons leur opposer à tous deux une jurisprudence non méconnue des adversaires, aux termes de laquelle l'acquiescement au jugement ou arrêt susceptible de tierce opposition constitue une fin de non-recevoir. *Ainsi doit être rejetée la tierce opposition incidemment formée à un jugement qu'on a connu et qu'on a laissé exécuter.* (Arrêt de Paris du 18 avril 1833.)

Nous avons donc établi, par ce qui précède, que ni M. B..., ni aucun des créanciers intervenants n'ont le droit de former tierce opposition au jugement obtenu par mademoiselle Céleste.

Ce jugement subsiste donc avec toute sa force.

§ 2.

Régularité des lettres de change. — Compétence du tribunal de commerce.

Les adversaires ont essayé de démontrer que les lettres de change étaient irrégulières, et que mademoiselle Céleste était à Paris le 5 avril 1850, jour de la souscription des lettres de change à Châteauroux ; qu'elle y était également le jour de l'endossement.

Pour se procurer des pièces, ils ont employé des moyens aussi scabreux que la razzia du Poinsonnet.

Qu'ont-ils trouvé ?

1° Un drame-vaudeville, intitulé *les Deux Anges*, qui a été joué pour la première fois le 9 avril 1850.

2° Une affiche en date du 12 avril portant le nom de mademoiselle Céleste.

3° Une facture de pianos en date du 10 avril 1850, et deux billets de la même date.

Il n'est pas possible de se mystifier soi-même plus complétement.

Le rôle de madame Bompart, dans la pièce des *Deux Anges*, n'a pas été créé par mademoiselle Céleste. Il l'a été par mademoiselle Lydie.

Nous rapportons pour attester ce fait un certificat du régisseur des Folies, signé également par le directeur, et une attestation de M. de Saint-Hilaire, auteur des *Deux Anges*.

Nous rapportons mieux encore ; nous rapportons les affiches du 9, du 10 et du 11 avril, où le nom de mademoiselle Céleste ne figure pas, et où figure celui de mademoiselle Lydie.

Comment se fait-il que les adversaires, qui ont rapporté les affiches du 12, aient négligé de se procurer les affiches précédentes ?

Que devons-nous accuser ? Est-ce leur défaut d'attention ? Le tribunal en jugera.

Il n'est pas jusqu'aux notes de l'hôtel de Châteauroux que mademoiselle Céleste n'ait retrouvées.

Il n'est pas besoin de faire remarquer au tribunal que la facture de piano et les billets ne signifient exactement rien dans la cause. La date d'une facture et de billets qui ne sont pas passés dans le commerce n'a rien d'authentique.

En voici la preuve. Mademoiselle Céleste rapporte un certificat de M. Moulé, qui atteste que le piano qu'il a livré le 10 lui avait été commandé quelque temps avant la livraison.

Le prix et le mode de payement étaient donc convenus d'avance.

Où d'ailleurs les adversaires veulent-ils en venir ? Le trajet de Châteauroux à Paris est de sept heures. Est-ce qu'on ne peut pas être le matin à Châteauroux et l'après-midi à Paris.

Ainsi tombent une à une toutes les objections péniblement échafaudées contre la régularité des lettres de change.

C'est donc avec raison que le tribunal de commerce, dans son jugement du 15 avril 1851, a reconnu sa compétence et sanctionné les titres de mademoiselle Céleste.

Ce jugement, est-il besoin de le faire remarquer, n'a pas été rendu avec précipitation.

L'assignation a été donnée le 7 avril 1851 puis, suivant la pratique sage et habituelle du tribunal de commerce, la cause a été continuée du 9 au 15 avril, jour auquel a été rendu le jugement.

Tombe-t-il sous le sens que si mademoiselle Céleste avait voulu organiser une fraude, elle eût emprunté le nom de sa mère?

Si M. de *** avait voulu faire tort à ses créanciers, n'aurait-il pas choisi toute autre personne que mademoiselle Céleste pour prête-nom, et n'aurait-il pas été plus simple à lui de garder son conseil judiciaire qui, grâce aux complaisances de M. B... et de ses autres fournisseurs, parfaitement confiants dans sa loyauté, ne gênait en rien M. de *** pour ses dépenses?

§ 3.

Le fond du procès.

On n'a cessé, au cours de ces procès, d'accuser mademoiselle Céleste d'avoir été une des principales causes de la ruine de M. de ***.

C'est une des choses qui lui ont été le plus pénibles, et elle demande la permission de se servir de la position que les adversaires lui ont faite, en s'emparant de sa correspondance, pour repousser cette accusation, dont les échos ont remonté jusqu'à la cour de Bourges.

Nous choisissons au hasard dans les extraits de cette correspondance.

Voici une lettre de 1850, époque à laquelle mademoiselle Céleste était aux Folies.

« Je viens des Folies, il est dix heures, je trouve une lettre pour toi, je m'empresse de l'envoyer, car il y a dessus *pressé*. Je vais la faire mettre à la poste de suite.

Du courage, il faut sortir de là, il y avait trop de choses entre nous pour que nous pussions être heureux. Il faut que tu penses à ta fortune, à ton avenir. Je souffre déjà, je t'ai déjà bien regretté depuis ce matin. Je t'écrirai tant que tu voudras, mais je le sais, tu touches chaque jour à ta ruine du bout du doigt, il ne faut pas faire ce plaisir à tous ces gens qui sont jaloux de toi, il faut démentir ceux qui disent que tu tires à la fin. Mais tu me verras toujours. Quand même tu serais marié, je serai ton amie, qui fais des vœux pour ton bonheur.

» Je t'embrasse,

» Céleste.

» Jeudi, dix heures du soir : j'ai fait des démarches aujourd'hui, je vais entrer au Palais-Royal. »

Dans une autre lettre, elle écrivait à M. de *** :

« Mieux vaut une petite réalité que de grandes illusions...

» Je serais heureuse, si tu voulais prendre un bon parti, plutôt que de te laisser aller à la douleur, si, après m'avoir revue, tu voulais faire un petit voyage, te marier... »

Mademoiselle Céleste n'a jamais cherché à abuser de l'influence qu'elle avait sur M. de ***. Qu'on en juge.

« Je te l'ai dit, mon bon Robert, je ne suis pas de force à supporter tes plaintes et tes reproches; l'on ne fait pas son caractère, je ne puis souffrir l'isolement, ce n'est pas ma faute; j'en ai peur et tu ne fais rien pour m'y faire prendre goût. Je débutais hier jeudi, j'avais besoin d'être calme, j'ai reçu ta lettre le matin et me voilà en pleurs, tu m'accables de reproches.

» Pourquoi veux-tu que je n'aie pas pour la solitude la peur que tu as eue du mariage toute ta vie? bien souvent, pourtant, tu as fait des projets. La destinée est écrite, on ne la conduit pas, on la suit. Je crois que tu aurais pu faire autre chose de moi ; nous avons pris à rebours. Je t'ai toujours dit : Marie-toi, je n'aime pas cette vie calme ; mais je finis par trouver tes accusations tellement exagérées, que je fouille ma vie passée avec toi et que je m'excuse un peu, en pensant que je ne t'ai jamais menti sur le genre de vie que je préférais. On ne peut pas toujours ce qu'on veut. Tu as voulu me régénérer, cela était impossible : c'est aujourd'hui que je serais infâme, si j'acceptais ce que tu m'as offert, puisque je sens que je ne pourrais pas remplir des devoirs sacrés.

» J'ai, etc.

» Céleste. »

Mademoiselle Céleste conseillait à M. de *** de diminuer son luxe et elle savait elle-même réduire ses dépenses et s'imposer des privations.

« Il faut que tes intérêts soient les miens, c'est-à-dire que tu me permettes de te gronder quelquefois et de te donner des conseils. Si tu m'avais écoutée, les deux années de privations seraient finies et nous serions à notre aise. Enfin c'est à faire au lieu d'être fait ; donne des ordres en partant, que l'on fasse vendre tes chevaux à tout prix, cela coûte à nourrir. Je ne suis pas moins raisonnable que toi, je vendrai le mien à la première occasion. »

Dans cet ordre d'idées, nous ne pouvons résister au

désir d'imprimer une dernière lettre, qui dénote combien mademoiselle Céleste avait à cœur de faire prendre une bonne résolution à M. de ***, et comment elle repoussait les reproches que celui-ci, souvent, dans son humeur injuste, lui adressait.

Pour faire éclater la vérité aux yeux du tribunal, mademoiselle Céleste n'a pas reculé devant ce que ces souvenirs ont de cruel et ces révélations intimes d'affligeant pour une femme.

Abordons maintenant une autre série de preuves. Les passages des lettres que nous allons citer désormais convaincront le tribunal de la réalité des prêts que mademoiselle Céleste a faits à M. de ***, pour l'empêcher d'emprunter à des taux usuraires, et de la délicatesse qu'elle mettait pour les lui faire accepter, sachant bien que M. de ***, quoique souvent très-pressé d'argent, n'aurait rien voulu recevoir, s'il avait pu deviner les sources d'une partie des fonds dont mademoiselle Céleste disposait.

Les extraits que nous allons donner étant nombreux, et se rapportant à la même démonstration, nous les classerons par numéros qui représentent chacun un fragment de lettre.

1.

Tout s'arrangera avec du temps, ne t'inquiète pas des 2,000 fr. de la fin du mois. Tu les auras, mon grand-père me les prêterait, s'il y avait besoin. J'emporterai les 15,000 fr. de samedi avec moi, pour que tu puisses donner de petits-à-comptes.

2.

Enfin, l'on m'avait prêté de l'argent, madame de Seine: mon grand-père a payé et les a donnés à maman, c'est elle que je dois, c'est-à-dire que je suis quitte.

3.

Quand j'aurai mes 40,000 fr., il faudra bien les repla cer. Si tu trouves quelque entreprise, tu sais que tu peux disposer de mon argent.

4.

Je pourrai encore faire 3,000 fr. au Mont-de-Piété ; écris-moi de suite si cela pourra te tirer d'embarras pour quelques jours, je te les enverrai de suite en mettan mes boucles d'émeraude en gage.

5.

J'ai reçu en réponse à ma lettre de sottises la lettre que je vous envoie, et le même soir j'ai reçu 4,000 fr.

6.

Ecris-moi pour quel chiffre Thomas te poursuit, je tâcherai d'arranger cela, puisque c'est le plus pressé.

M. B... est venu voir où tout cela en était. Je ne l'a pas reçu, je lui ai fait dire que je ne savais rien.

7.

Ne t'inquiète pas de moi : je n'ai besoin de rien ; j'ai un billet des gens qui m'ont acheté mon hôtel. Je l'escompterai, cela me fera aller quelque temps.

8.

Si tu vends, *nous aurons mes 40,000 fr*. Si nous ne les avons pas, eh bien, je chercherai quelques ressources dans mes effets. J'aurai toujours assez avec ce que me doit Charles C...; ainsi, cet argent, s'il rentre, est à toi, du moins la moitié : je n'en veux pas, disposes-en comme tu le voudras. Informe-toi si quelqu'un veut prendre

20,000 fr. d'hypothèque à ma place. Cela t'aidera un peu, ne me refuse pas.

9.

Morel n'offre que 1,000 fr. du dockart ; si tu veux le garder, je lui vendrai ma petite voiture 1,400 fr. ; garde ta voiture si tu y tiens le moins du monde, ne te gêne pas.

10.

Quant à cet entremetteur de mariages, de qui même tu m'envoies les injures, je ne le connais pas. Que veut-il? Que lui ai-je fait? N'es-tu pas allé à Lyon? N'est-ce pas pour cela que je suis entrée au théâtre.

— Sitôt que tu voulais te marier, je rentrais au théâtre.

Je vais tout vendre sans regret : je suis contente même de me défaire de toutes ces choses qui m'ont coûté tant de larmes. Je prendrai un petit appartement rue Vivienne et une bonne; nous dépenserons peu. *Tu tâcheras de faire valoir ton argent et le mien;* cela t'occupera et dans quelque temps nous partirons pour toujours.

J'aurais été si heureuse que tu prisses une femme qui te donnât la fortune et le bonheur.

Tu sais bien que je ne t'ai jamais rien demandé. T'ai-je jamais mis à contribution?

Je vais envoyer mes émeraudes en gage; je les retirerai quand j'aurai mon argent.

11.

Je crois que c'est un grand malheur que tu n'aies pas vendu hier, car nous voilà dans une crise qui menace d'être assez longue. Ne crois pas, mon bon Lionel, qu si je m'inquiète de cette vente, ce soit à cause de moi. Non, je te l'ai dit, cet argent est à toi. Je veux que tu t'en serves, s'il rentre, pour tenter quelque chose. Je te l'ai dit aussi, tu ne peux pas partir, tu mourrais là-bas. Je ne veux pas que tu partes dans cet affreux pays.

12.

Ma mère va me faire prêter quelque cents francs.
Je suis allé voir M. Thiébaut, c'est un brave homme que j'ai toujours trouvé quand j'ai eu besoin de lui.

13.

Comment vas-tu faire pour Thomas B...? Tu sais ce que je t'ai dit, si cela peut suffire. *Je puis encore faire 3,000 fr.*, ne te gêne pas. Cela me fera plaisir de te rendre un peu du bien que tu m'as fait.

14.

Quel parti vas-tu prendre? C'est bien effrayant une vente judiciaire. *Je puis t'envoyer deux ou trois mille francs* [1].

Interrogeons aux mêmes époques la correspondance de M. de ***, et nous y trouverons la preuve des mêmes faits.

1.

Espères-tu réussir pour ton bureau? Réfléchis bien, tu es peut-être encore bien jeune, et, *en plaçant bien ton argent* et attendant un peu plus tard, peut-être retrou-

---

[1] Voir dans le dossier d'autres preuves, notamment un cadeau de 20,000 fr. et la vente de la rente d'Espagne.

veras-tu une aussi belle occasion. Je ne t'envoie pas encore aujourd'hui tes 1,200 francs.

Je t'envoie 200 fr., dont 100 fr. que je te dois et 100 fr. que je t'ai promis. Je t'enverrai les 1,000 fr. d'ici à deux ou trois jours.

2

Je vous envoie 1,000 fr. à valoir sur les 3,000 fr. que je vous dois. C'est le seul argent que j'ai pu ramasser; d'ici la fin du mois, j'espère m'acquitter des 2,000 fr. restant.

3

Rien ne m'est rentré encore. J'attends de l'argent ces jours-ci, et mes bois doivent se vendre vers le 2 décembre. Je suis pour le moment sans le sou. Je serai à Paris vers le 5 ou le 6 du mois prochain, et alors je régulariserai toutes tes affaires *et nous aviserons ensemble à faire un bon placement de ton argent* (commencement de 1850).

Nous terminerons cette note en donnant une dernière lettre de mademoiselle Céleste, qui contient l'histoire et comme le résumé de sa liaison avec M. de ***. Au milieu de l'exaltation des sentiments, le tribunal y verra la preuve la plus positive, la plus évidente de la créance de mademoiselle Céleste contre M. de ***. Autant elle met d'insistance pour rentrer aujourd'hui dans ce qui lui appartient, autant elle a opposé de résistance aux cadeaux que M. de *** voulait lui faire et qui pouvaient lui porter préjudice. Ainsi, elle lui a renvoyé plusieurs fois une reconnaissance de 20,000 fr., et quand pour la lui faire accepter il lui a fait cadeau d'une hypothèque de 20,000 fr., elle a formellement refusé de signer, et avant même de savoir si cette dernière hypothèque viendrait en ordre utile, elle ne s'est pas présentée aux ordres, se bornant à maintenir énergiquement son droit pour l'hypothèque de 40,000 fr.

« Tu m'avais promis 20,000 fr., c'est vrai ; mais je voyais ta ruine : le premier jour j'étais effrayée, j'aurais voulu que tu te mariasses pour nous deux, mais l'idée ne m'était pas venue que tu pourrais prendre une autre maîtresse : tu pourrais tout sauver en te mariant.
» J'ai pris ailleurs ce que je ne pouvais te demander, ce que je ne voulais te demander ni prendre, car je te l'ai renvoyé bien des fois ce billet que tu m'avais donné. Je n'ai pas supporté la douleur de te savoir avec une autre, j'ai payé bien cher ton retour à moi. Le peu que j'avais je l'ai mis à ta disposition, j'aurais voulu te donner ma vie, tes affaires allaient mal, tu avais pris cet appartement qui était une charge énorme, la peur me reprit et je te demandai de me reconnaître mon argent, c'était mal, mais j'avais peur. Cette peur m'a donné un ennui continuel. J'avais tout en espérance, rien en réalité, la nuit je me tourmentais, le jour je cachais mon inquiétude sous le luxe. Cette femme m'a fait bien du mal : j'ai lutté d'amour-propre : alors, voiture, chevaux, bijoux, toilette, j'ai tout désiré : pardon, ce n'est pas un combat contre toi, non, je t'aimais, mais quelquefois avec rage ; je voudrais aujourd'hui donner ma vie pour réparer le passé. L'ennui, cette ombre de soi-même que l'on traîne partout, s'est accroché à moi pour toujours ; je n'ai plus de santé, plus de jeunesse ; j'ai perdu ma gaieté, je suis rentrée dans un théâtre, parce que je veux quitter Paris dans un an ; j'irai en Russie, au bout du monde, je veux faire des envieuses, je ne veux pas que l'on se réjouisse de notre séparation. Si j'avais ma petite fortune, je vendrais tous ces oripeaux qui cachent tant de larmes, et je m'habituerais à la vie modeste avec

laquelle je dois finir ; mais voilà toujours où a été mon désespoir, je te disais : J'aimerais mieux avoir 100 fr. par mois sûrs, que d'être comme nous sommes. Cela n'a jamais pu se réaliser, Dieu ne l'a pas voulu, puisqu'il n'a pas mis en moi l'énergie nécessaire. Oui, je t'ai aimé, je t'aime encore, tu as été, tu es, tu seras toujours mon dernier amour. L'isolement et l'oisiveté me font mourir, c'est au-dessus de ma volonté, mais tu ne m'as jamais connue autrement. Ce n'est pas à cause du malheur qui te frappe aujourd'hui. Tu me parles de mon peu de dévouement. Dis-moi, quand j'aurais vécu près de toi malgré mon goût et lorsque tu me voyais l'air ennuyé, si tu ne me renvoyais pas. Je t'aime, je suis une misérable créature que ton mépris désespère, pourtant je ne t'ai jamais menti ; le premier jour je t'ai dit que j'étais incapable d'une heure de dévouement quand il s'agissait de vivre à la campagne. Pardonne-moi, je t'en prie à mains jointes, j'ai été peut-être plus coupable que je ne le sais, mais je ne l'ai pas médité. Ecris-moi, mais pas de ces mots que contient ta lettre, ou ne m'écris plus jamais. Je pense à toi comme on pense à Dieu. Je te respecte comme l'ange qui m'a tendu la main. Crois-moi, si mon corps a été avili, il y a une place bien pure dans mon cœur et mon âme que tu as habitée et qui est toujours à toi. »

Le tribunal nous pardonnera ces détails et ces productions de lettres. Mais, en présence de la guerre qui est faite à mademoiselle Céleste par M. B..., elle avait besoin de montrer que les prétentions de ses adversaires étaient aussi mal fondées en équité, qu'inacceptables en droit.

MÉMOIRE

A MESSIEURS DE LA COUR IMPÉRIALE DE BOURGES,

PAR M. DE ***.

La position que les sieurs D... et B... veulent me donner dans un procès où mon nom se trouve malheureusement mêlé, me force, au retour d'un long voyage, à sortir du silence et de l'inaction que je m'étais imposés. Victime, je me taisais et j'acceptais sans murmure les conséquences de mes faiblesses, dont D... et B... étaient les escompteurs depuis longues années ; ils veulent changer les rôles ! Je ne le souffrirai pas. Mes faiblesses n'ont fait tort qu'à moi : MM. D... et B... ne sont pas mes juges, et je leur défends de donner à ma conduite une interprétation mauvaise. Vous oubliez, messieurs, qui vous êtes, et en essayant de rejeter sur moi des soupçons qui ne peuvent m'atteindre, souvenez-vous que vous vous servez de lettres qui m'ont été soustraites illégalement.

Ma plainte à ce sujet est déposée au parquet de Châteauroux, de Bourges, et elle le sera également au parquet de Paris. Il s'est trouvé des officiers publics assez complaisants pour servir mes adversaires au mépris de la loi. Je ne redoute pas la publicité donnée à ces lettres intimes, mais il faudra que je retrouve les papiers qui ont rapport à la créance D... et B..., papiers qui en prouveront l'origine.

Je viens de lire le mémoire publié dans l'intérêt de MM. D... et B... Tous les documents qui servent de base à ce mémoire sont sans fondement. Je laisse de côté les injures que je méprise, et c'est par des faits vrais que je veux répondre à ce que mes adversaires avancent. Page 4 du mémoire, ils disent : « Si l'obligation hypo- » thécaire est postérieure à l'acte simulé, il est certain » que les causes de cette obligation, au moins pour » partie, remontent à une époque antérieure à cet acte, » et cela suffit. »

Je répondrai que lorsque B... est venu à l'hôtel Chatam me faire souscrire une seconde obligation de 46,000 fr., 1° l'inscription de mademoiselle Céleste existait depuis longtemps, à la connaissance de B...; 2° je ne devais alors à B..., d'après ses comptes, que 10 à 12,000 fr., dettes dont on retrouvera l'origine dans les bijoux qui sont encore dans son magasin ; 3° je cédai aux sollicitations de B..., et je consentis à souscrire l'obligation de 46,000 fr., ignorant combien était illusoire la créance de M. de la C... que m'offrait B..., qui, pour me décider, me donna 3,000 fr. — Ainsi, B... connaissait ma position hypothécaire et la trouvait bonne, puisqu'il employait tous les moyens pour y prendre la place qu'il y a.

J'ai pris le château de... et ses dépendances moyennant une somme de 804,000 fr. sans fonds de cheptels dans les domaines. Les cheptels qui garnissaient les domaines appartenaient aux fermiers belges qui les occupaient. Pendant les deux premières années de mon administration, ne recevant aucun fermage, je fus obligé de résilier leurs baux et de prendre en payement des sommes qu'ils me devaient les bestiaux qui garnissaient ces domaines et qui n'étaient plus suffisants pour les exploiter. Je fus obligé, pour trouver de nouveaux fermiers, de porter à 4,000 fr. par domaine les fonds de cheptels. Quant à la question des bois, mon père, deux ans avant sa mort, avait vendu à M. le marquis de B..., propriétaire des forges du Centre, pour 101,000 fr. de bois. Les bois restants furent la seule ressource que je tirai de la propriété, ressource qui fut largement absorbée par les achats de bestiaux, les constructions et les améliorations qui décidèrent de nouveaux fermiers à affermer les domaines avec une diminution de 25 pour cent sur les anciens baux. — Ainsi, je n'ai pas distrait pour 45,000 fr. de fonds de cheptels, comme le dit ce mémoire, puisque je n'en ai pas reçu et que j'en ai laissé de considérables.

Avant le partage, pendant que les biens étaient indivis, le bois de la Touche a été vendu pour 10,000 fr. par administrateur judiciaire de la fortune. Qu'ai-je donc vendu ? 43,500 fr. de bois, répartis ainsi : 17,000 fr. aux forges de Vierzon, 12,000 fr. à Gibaut, marchand de bois à Châteauroux, et 12,000 fr. à Baronnet et Barbier, à Ardentes. Plus, 2,500 fr. de traverses pour le chemin de fer de Bordeaux. — M. B.... sur ses ventes, a su avoir sa part, touchant des billets de marchands de bois.

Voilà comment j'ai déshonoré ma terre de..., j'en ai recueilli 43,500 fr., et j'y ai dépensé plus de 100,000 fr. Vous dites que le château m'avait été compté pour 100,000 fr. dans les partages ; le château et ses dépendances n'est compté que pour 30,000 fr. et le mobilier pour 7,000 fr.

Si, d'après le cahier des charges, je n'ai pas trouvé d'acquéreur pour la vente tentée le 20 mai 1850, on ne peut pas l'attribuer à la mauvaise administration de la terre, mais aux circonstances malheureuses de cette époque. Quant aux biens que j'avais à cette date vendus en Berry, ils étaient éloignés du château d'une ou plusieurs lieues, et leur vente ne détruisait en rien l'ensemble de la terre.

Au moment où une seconde vente, faite par un abus de pouvoir à M. S..., est venu me ruiner, B... et D... prétendent que j'avais une dette chirographaire considérable. Ceci est encore faux. Ils doivent connaître ma position, puisqu'ils ont su trouver dans tous mes papiers les noms des divers fournisseurs auxquels je devais. — A quoi cela se monte-t-il? Un tailleur 4,000 fr.; un bottier, 5 ou 600 fr.; un chapelier, 1,000 fr.; un chemisier, 3,000 fr.; enfin bref, 7 à 8,000 fr. Ajoutez à cela 7 à 8,000 fr. à un ami, M. de Saint-G..., restant d'une dette plus considérable, datant de longtemps.

Voilà donc 15 à 16,000 fr. de dettes chirographaires, qui devraient monter à 20,000 fr. en 1850.

Je le répète, M. B... doit savoir que ces chiffres sont exacts, puisqu'il est allé chez tous ces créanciers pour les engager à se joindre à lui dans les poursuites qu'il voulait faire.

Y a-t-il réussi? Non, parce que tous ont confiance en ma loyauté.

Tous les chiffres de M. B... sont donc erronés comme ses prétendues créances de 91,000 fr.

L'appartement de la rue de Joubert a été payé par moi 14,000 fr. à Monbro, tapissier, qui l'avait acheté 12,000 fr. à M. de Mackau; en le quittant, j'ai enlevé ce mobilier, dans lequel il y avait beaucoup d'objets auxquels je tenais par caprice ou par souvenir. Je ne l'ai quitté que parce que j'avais des idées de mariage en vue.

Je devais bien réellement 40,000 fr. à mademoiselle Céleste ou à sa famille. Quant à la dernière inscription de 20,000 fr. à mademoiselle Céleste, c'est un cadeau que j'ai voulu lui faire sans son aveu au moment de quitter le Berry et la France quelques jours plus tard. Quand mademoiselle Céleste bâtissait le Poinsonnet, quand, d'après ses instructions, je suivais ces travaux, — j'étais fermier de la chasse de la forêt de Châteauroux depuis mon arrivée en Berry, — et non du jour où elle acquérait ce terrain, non pas de plusieurs hectares, mais à peine d'un arpent. Ces messieurs ont déjà beaucoup rabattu de leurs appréciations.

Le château imaginaire que mes adversaires ont construit au Poinsonnet ne se trouve être, de leur propre aveu, qu'un simple pavillon de chasse, et le parc splendide de ce château un arpent de parterre.

Je le répète, si j'ai rompu le silence dans cette affaire, c'est que B... et D... m'y ont forcé. Dépouillé par eux depuis de longues années de sommes considérables, il est temps que je me révolte et que je repousse, par des faits et des chiffres, des allégations fausses.

Je compte sur l'appui du ministère public, désormais complétement éclairé, pour me protéger contre des faits aussi incroyables.

Quant à la lettre de mon frère, produite au procès, elle ne se trouve entre les mains de MM. D... et B... que par une surprise, et à ce premier tort ils en ont ajouté un deuxième, celui de dénaturer complétement le sens de cette lettre, comme la cour peut en juger par la lettre que mon frère m'a remise comme protestation contre un acte que je pourrais, à bon droit, tenir autrement pour un procédé indigne de son caractère.

COMTE DE ***.

« Je soussigné, certifie que la lettre qui été produite
» au tribunal de Bourges, par M. B..., m'a été écrite par
» mademoiselle Céleste, pour m'engager à racheter divers objets de famille qui étaient restés *chez elle* au Poinsonnet, et que cette lettre que M. B... m'avait prise

» pour prendre des renseignements sur la vente du Poin-
» sonnet qu'il me disait, à tort, devoir avoir lieu prochai-
» nement, devait m'être rendue le lendemain.

» J'apprends, avec étonnement et indignation, qu'elle a
» servi comme pièce au procès, et je désavoue toute par-
» ticipation à un acte semblable, et *surtout* la significa-
» tion toute fausse qu'on a voulu lui donner.

» COMTE DE ***. »

FIN.

TABLE

		Pages.
XLVI.	Départ (suite)	1
XLVII.	Correspondance	9
XLVIII.	Mon cours de droit	80
XLIX.	Le théâtre des Variétés	97
L.	Une étoile	111
LI.	Une vieille connaissance	124
LII.	Denise	145
LIII.	Pressentiments	160
LIV.	Les mines d'Australie (Journal d'un mineur)	183
LV.	Journal d'un mineur (suite)	199
LVI.	Les pressentiments	218
Notes		266

www.ingramcontent.com/pod-product-compliance
Lightning Source LLC
Chambersburg PA
CBHW071334150426
43191CB00007B/731